# 親鸞と清沢満之

真宗教学における覚醒の考究

伊東恵深

春秋社

# 序

本書の著者はいまだこれからの学究である。その若い著者の処女出版の序文を依頼され、入稿前の原稿を拝読して、新しい教学者の学への出発を心から祝福したいと思い、ここに拙文を提することとする。

本書は著者の伊東恵深さん（以下、彼とする）が、関係する学会や研究会ですでに発表した論文に、いささか手を入れて、編集・収録したものである。一見すると、バラバラの論文の寄せ集めかと思われるのだが、一貫した「宗教的自覚」への著者の志願が文章の背後に感じられ、読後に清浄な空気を吸ったような快感に満たされる好著となっているのである。

それは書名に現れていることだが、「真宗教学」という、あまり馴染みのない言葉に、「覚醒」という目覚めを意味する言葉を加えて、本書を貫くテーマにしていることに暗示されている、著者の深い求道心から来るところであると思う。

彼はそれぞれのテーマを、ごく最近の問題群のなかから、自分の問題意識に主体的に感知されたものに絞って取り扱っている。その感覚には、小生もかねがね感服してはいたのだが、それを取り扱う態度が、あたかも他人事であるかのように、引文を中心にして語らせる手法なので、それぞれのテーマが少しも自分の骨肉に食い込む切迫性を持つわけではないのかと、歯がゆい思いであった。

ところが、その手法は「真宗教学」の名で示されている親鸞聖人（以下、敬称を略す）の『教行信証』の手法に由来することを、この著書を通してよく了解することができた。特に、第Ⅰ部には、その誤解を読者に与えるほど、彼の広範な学びから縦横に参考文献を提示して、自分の本音が隠されているようなところがあるのだが、第Ⅱ部に入り「清沢満之」に関わって、彼の志願が並大抵のものでないことに気づかされるのである。

そして何よりも、親鸞の学びをいわゆる「近代教学」、すなわち清沢満之・曽我量深と受け継がれた「宗教的覚醒」を足場にして学問態度を構築しようとしていることを、高く評価したいのである。この教学を小生は曽我量深の発想を受けて、親鸞に学ぼうとする「親鸞教学」であると頂いているのだが、著者のいう「真宗教学」が、実はこの「親鸞教学」であると拝受するのである。

そもそも、小生はこの親鸞教学を安田理深の「相応学舎」で学んだのだが、彼も大谷大学の学生生活において、この私塾「相応学舎」の舎生であった。同じ学舎で学んだ因縁に加えて、東京の親鸞仏教センターにも研究員として加勢に来てくださったこともあったので、このたび、ご結婚を祝福する意味をも込めて、序文を書かせていただいたことである。

二〇一七年一〇月

親鸞仏教センター所長　本多　弘之

# 親鸞と清沢満之　真宗教学における覚醒の考究　目次

# 凡例

一、引用文の漢字は現行の通行体に改め、旧仮名遣いは新仮名遣いに改めた。また左訓や傍点などは原則すべて省略したが、この限りでない箇所もある。

二、原漢文の引用文は、読みやすさを考慮して書き下し文に改め、適宜、送り仮名や句読点などを補った。ただし、漢文のまま引用した箇所もある。

三、註は「序」「結」および各章の末尾にそれぞれ記した。

四、本論中、人名への敬称はすべて省略した。

五、左記の出典については、以下のように略記した。

『定本親鸞聖人全集』（法藏館）→『定親全』
『真宗聖教全書』（大八木興文堂）→『真聖全』
『清沢満之全集』（岩波書店）→『岩波』
『清澤滿之全集』（法藏館）→『法藏館』
『曽我量深選集』（彌生書房）→『選集』
『曽我量深先生の言葉』（大法輪閣）→『言葉』

# 親鸞と清沢満之　真宗教学における覚醒の考究

# 序　問題の所在

本書の目的は、親鸞（一一七三―一二六二）と清沢満之（一八六三―一九〇三）の思想において、覚醒あるいは目覚めという事柄がどのように実現するか、またその内実はいかなるものかを考究することにある。

「覚醒」と「目覚め」について、言葉の意味を尋ねると次の通りである。

覚　醒…①目がさめること。目をさますこと。②迷いからさめること。迷いをさますこと。

目覚め…①眠りから覚めること。また、その時。②心の迷いが去って本心に立ちかえること。③自覚すること。ひそんでいた本能・知能などがはたらき始めること。（『広辞苑』）

どちらも「迷いから覚めること」を意味している。「覚醒」や「目覚め」という言葉は、一見すると親鸞思想や真宗教学を表現するのに適切ではない言葉のように感じるかもしれない。しかしこれらは、私たち煩悩具足の凡夫が迷妄を転じていく様相を指し示しており、別言すれば、衆生がいかにして救われるかという道筋を明らかにしているといえる。すなわち「覚醒論」は「救済論」でもある。

そもそも、親鸞が開顕した浄土真宗の仏道体系である「教・行・信・証」の次第そのものが、われら衆生の側からいえば、浄土真実へと目覚めていく覚醒の道程であるといえよう。親鸞は「教行証」という伝統的な仏道体系によりつつ、その内実は、自力聖道の教えである「教信行証」（教理行果）ではなく、「教行信証」として明らかにすることによって、本願他力の教えを顕彰した。したがって、親鸞畢生の書である『顕浄土真実教行証文類』（以下、『教行信証』と略記）自体が、凡夫に成就する宗教的覚醒の内実とその道程を教示しているのである。

ところで、私が親鸞や清沢満之の思想のなかでも、とりわけ「宗教的覚醒の考究」を研究課題に選んだ問題関心について、以下に記したい。

日本における年間自殺者の数は、バブル経済破綻後の平成一〇（一九九八）年以降、一四年連続で三万人を超える状況が続いた。しかし、平成二四（二〇一二）年から五年連続で三万人を下回り、平成二八（二〇一六）年には二二年ぶりに二万二千人を下回ったという。[1] 依然として高い数字ではあるが、減少傾向にあるのは喜ばしいことのように感じられる。

しかしながら、一五〜三四歳の若年層における死因の第一位は自殺である。そして、主要先進七カ国（G7）[2]のなかで、自殺が死因の一位であるのは日本だけである。[3] ここに、日本の若者が抱える問題の闇は深く、多くの若者が非常に深刻な状況に直面していることが窺われる。

自殺の原因や動機は、健康問題、学校問題、家庭問題など多岐にわたるだろうが、その背景の一つとして、「いま、自分に存在価値を見出せない」という問題があると思われる。バブル崩壊後の日本は、苛烈な競争社会、格差社会を迎えた。その結果、いわゆる「勝ち組」「負け組」といった二極化がますます激しくなっている。子供から大人までが、自分の価値や優劣を他人や社会によって決めつけられるという状況にさらされながら生きていかざるを得ない。このようななかで、自己の価値を見つめ直す、あるいは、自分の存在が全面的に肯定されるような安心感を見出すことは、非常に困難になりつつあるように思う。

いまから一〇年ほど前、「リセット症候群」という言葉をしばしば耳にした。リセット症候群とは、テレビゲームなどでゲームオーバーになっても、リセットボタンさえ押せば、もとの状態に戻すことができるように、現実の世界もまた一からやり直すことができると錯覚することを指す。この現象は現代においても、たとえば携帯電話の番号やメールアドレス、SNS（ソーシャル・ネットワーキング・サービス）のアカウントなどを突然変更して、相手との関係を一方的に断ち切ってしまう事態として、特に若者を中心に見受けられるようである。

「人生をもう一度最初からやり直したい」、あるいは「これまでの人間関係をすべて消し去って、まっさらな自分に戻りたい」という欲求は、誰しも一度はいだいたことのある素直な感情であろう。しかしながら人は、どうにも変えることのできない過去の延長線上に、いま、を生きていかざるを得ない。このような、どうにもならない現実において、自殺は一見すると、手っ取り早く人生をリセットする方法であり、直面するすべての問題を無化する有効な手段と考えられているのだろうか。多くの若者が自殺へと駆り立てられる衝動の根源には、この苦悩の現実を一挙に超越して、不安や苦しみから完全に解放されたいという願望が潜んでいるように思われる。

さて、古来宗教は、このような〈存在の不安〉を取り除くという課題を担ってきた。すなわち、「ここではない、どこか別のところへ行（往）くことによって、永遠の安楽を得たい」と希求する者に対して、宗教は「精神的超越」（「宗教的覚醒」）という方途を教示してきた。これによって宗教は、絶望感や閉塞感に苛まれている人々を解放する重要な役割を果たしてきたのである。

しかし、このような宗教における「超越」の可能性が閉じつつある、という指摘がなされている。倫理学者の竹内整一は次のように述べる。

私の最近考えておりますことは、例えば次のようなことです。

「先にはもう宇宙しかない」断崖にまで来てしまった人類は、〈折り返し〉の場所に立っている。これまでのすべての宗教の課題は〈超越〉ということだったと、植島らはいう。その〈超越〉の方向が現在みえないのだと。今わたしたちがほんとうに求めているのは、わたしたちを、もういちど〈内在〉させる力をもつ思想ではないだろうか。あるいは超越を超越する思想、世界を新鮮な奇跡の場所として開示する、ひとつの覚醒ではないだろうか。

（見田宗介『現代日本の感覚と思想』）

これは社会学者の見田宗介さんの文章ですけれども、現代において大きな問題の一つは、今まであった超越というあり方が見えなくなってきている、その方向がよく分からないということであります。

（「日本人の超越感覚」『親鸞教学』第七八号、五八―五九頁）

竹内は、見田宗介の考察に示唆を受けつつ、これまでの宗教の課題は、自己の〈外〉あるいは〈上〉に向けての「超越」という問題であったが、その方向が見えなくなりつつあるという。超越とは本来、いまの自分のありさまが不明瞭で不完全であるから、その状況を〈外〉ないし〈上〉方向に超え出て、そこからある種の「目覚め」を獲得するというあり方を意味した。

しかし、科学技術やメディアが過剰なまでに発達した現代社会においては、人類にとって未解明の領域は宇宙以外ほとんど残っておらず、そのために自己の外部に超越の可能性を見出すことが非常に困難になっている、と竹内は指摘する。そして、超越の可能性を自己の外部に見出せないとすれば、われわれに残されているのは、外部への超越を〈超越〉する思想、すなわち、われわれを真に〈内在〉させる思想ではないだろうか、と問題提起している[4]。ここに、真の内在とはいったい何であるか、いま現在の生活が新鮮な場所として開示されるとはどのようなことか、という問題が投げかけられている。

また、文芸評論家の加藤典洋は、日本文学が直面している問題を次のように論じている。

同時代の若い人が書いた小説を日ごろ読むのですが、そこで感じられるのは、一九九五年のオウムの事件がやはり文学のなかにも、「骨折」のような経験として残っているのではないだろうかということです。（中略）その意味は、超越性への回路が閉ざされたということでしょう。これに先立つ時代を思い浮かべていただきたいのですが、その時代は、いろいろなオカルトブームがあり、それに文学も思想もともに共振しました。しかし、このオウムの事件の後、日本の文学と社会とに、ある萎縮ともいうべきことが生じます。要するに、超越性への憧れ、渇望、希求といったものが、表向き、屈折し、萎縮して、姿をひそめるようになるのです。（中略）端的に言うと、「現世」に唾を吐く、現実を否定する、別の世界に行きたいと願う、そういう激しさが、日本の文学全体から姿をひそめるようになります。

（「日本の現状と宗教の可能性——超越性と現代の文学をめぐって」『現代と親鸞』第八号、四九—五〇頁）

加藤は、文学はその時代の人々の意識の暗部を照らす鏡でもあるという。人間が想起する将来の理想や未来への展望といった、いわば超越的なものへの素朴な憧れは、一九九〇年代に入ると、超現実の出来事や超常現象と結びつき、この世の向こう側への超越の願望として、オカルトやホラーといった幻想世界の領域に出口を求めるようになった。それに平行する形で、文学においても「彼方への超越」が題材として取り上げられるようになった。しかし、一九九五年のオウム真理教による地下鉄サリン事件を契機として、彼方への超越願望が砕かれ、超常現象などの素材が、これ以降の文学に取り上げられなくなったのである。その背景には、現世を否定すること、現実に軽薄に唾を吐くこと、彼方への欲望に身を委ねることに対して、足がすくむようになったのだと加藤は分析している(5)。

そして、上記の観点から見えてきた宗教の問題について、次のように述べる。

そこでの問題は、オウム真理教的な宗教性に対峙できるような、それとは別様の宗教性の原理を、どのように出せるのかということだろうと思います。（中略）そのような自力による超越性の回路が閉ざされかかっているときには、自力以外にも実は別個の宗教性の回路があるということが、本当は何らかのかたちで宗教の側から示されてもよいし、また、示されないといけないのかもしれません。そういう課題が「現代」と「宗教」の間にあるだろう。「他力」の思想というのは、こういう文脈のなかで浮上してくると思います。

（「日本の現状と宗教の可能性――超越性と現代の文学をめぐって」四八―五〇頁）

「自力による超越性の回路」とは、自分で鍛錬や修行を重ね、精神修養を通して超越的経験を体得しようとするあり方である。端的にいえば〈自力難行〉である。しかし加藤は、そういう宗教性が人々の真の救いになり得ない現代こそ、それとはまったく異なる宗教原理が明らかにされなければならないという。現実や日常を忌避したり否定したりしない、いわば別種の超越観が開示されなければならない。その宗教こそが、親鸞が開顕した〈本願他力〉の仏道ではないだろうか。

そこで本書では、「真宗教学における覚醒とは何か」という問題を主軸として、親鸞と清沢満之の思想に尋ねていきたい。第Ⅰ部は「親鸞論」と題して、群萌における覚醒の様相と内実について推究する。第Ⅱ部は「清沢満之論」と題して、明治という時代に親鸞の信念に生きた清沢満之が、宗教的覚醒をどのように了解していたか、特に「他力門哲学」に関する論稿を通して考究する。

親鸞が開顕し、清沢満之が顕彰した浄土真宗の仏道は、苦悩の現実を生きる現代人、つまり私たち一人ひとりに、どのような目覚め（変革）をもたらすのか。またその道程において、われわれはどのような歩みを有するのか。本書の目的は、真宗教学における覚醒の様相とその内実を推究する点にある。それは、何か殊更に目新しい知見を披瀝しようとするものではない。むしろ、親鸞が明らかにした〈本願他力〉の思想を、あらためて尋ね直す営為である。

## 註

（1）警察庁ホームページ「平成二八年中における自殺の状況」参照。https://www.npa.go.jp/news/release/2017/20170321001.html（閲覧日：二〇一七年一〇月一日）。
（2）フランス、アメリカ、イギリス、ドイツ、日本、イタリア、カナダの七カ国。
（3）厚生労働省ホームページ「自殺総合対策パンフレット　1．自殺をめぐる現状　(5)諸外国との比較」参照。http://www.mhlw.go.jp/stf/seisakunitsuite/bunya/0000130979.html（閲覧日：二〇一七年一〇月一日）。
（4）竹内整一「〈空想〉のコスモロジー――清沢満之の〈内〉への超越」『超越の思想　日本倫理思想史研究』二八五―二八七頁参照。
（5）加藤典洋『小説の未来』三二〇―三二三・三四四―三四七頁参照。

# 第Ⅰ部　親鸞論

## 群萌における覚醒の様相と内実

第一章

# 横超の仏道

## はじめに

本章では、「序　問題の所在」で論じた「内在」と「超越」という言葉を基軸として、親鸞思想における覚醒の様相とその内実について推究したい。「内在」と「超越」の意味は次の通りである。

内在…①ある事物またはある性質を他の物が含んでいること。↕外在。②〔哲〕汎神論的な形而上学において、神が世界の本質として、世界の内に存在するという考え方。存在論では本質が個物に内在すること。現象学では認識の対象が意識の内部に志向的に存在すること。↕超越。

超越…①標準をはるかにこえること。②〔哲〕(Transzendenz) もともとはこの自然的世界を超えるものとしての神についていう。中世哲学では、範疇を越える概念のこと。現象学では、意識のうちにあるものを「内在」といい、意識の外にあるものを「超越」という。実存哲学では、実存することとは現存の自己を超えることであり、それを「脱自」あるいは「超越」と呼ぶ。（『広辞苑』より抜粋）

②の説明にあるように、「内在」とは「（神あるいは認識の対象が）世界の内にあること」を意味する。それに対して「超越」とは、「（神あるいは認識の対象が）世界を超えていること」を表し、「感覚や知覚といった意識を通して認識することのできる対象として存在すること」を表し、「感覚や知覚といった意識を通して認識することのできる対象を超えていること」を意味している。端的にいえば、内在とは人間が感覚できるもの、相対的なものであり、超越とは人間が感覚できないもの、絶対的なものである、と定義することができよう。

内在と超越は、元来、上記のような意味内容を有しているが、本章では一つの試みとして、これら二つの言葉を、われわれに実現する宗教的変革（精神的目覚め）の様相を説示する言葉として用いてみたい。すなわち、「いまの自分が置かれている苦悩の現実を一歩も離れずに救われていくあり方」を「〈内在的〉救済」、それに対して、「いまの自分が置かれている苦悩の現実を超えて救われていくあり方」を「〈超越的〉救済」と定義して、浄土真宗の救済の内実について推究していきたい。

そこでまずは、親鸞思想の根幹をなす「横超」という言葉を考究することにする。

## 第一節　「横超」は「超越」と同義か

しばしば、「親鸞の横超思想は超越的思想である」という表現を見聞することがある。しかしながら、はたして「横超」は「超越」と同義であると理解してよいのだろうか。親鸞は『教行信証』「信巻」において、「横超」を次のように註釈している。

横超断四流と言うは、横超は横は竪超・竪出に対す、超は迂に対し回に対するの言なり。竪超は大乗真実の教なり。竪出は大乗権方便の教、二乗・三乗迂回の教なり。横超は即ち願成就一実円満の真教、真宗これなり。また横出あり、即ち三輩・九品・定散の教、化土・懈慢、迂回の善なり。大願清浄の報土には品位階次を云わず、一念須臾の傾に速やかに疾く無上正真道を超証す、故に横超と曰うなり。

（『定親全』一、一四一頁）

親鸞は、釈尊の一代教を「横超」「横出」「竪超」「竪出」の二双四重の教相判釈によってまとめ、浄土真宗の教えを「横超」とした。この註釈によれば、「横超」の「横」は「竪」に対し、「超」は「迂」「回」に対する言葉であることがわかる。「迂」と「回」はそれぞれ、「まがる、まわりどおい、とおまわり」「まわる、めぐる、行ったりもどったりする」[1]という意味である。そして「横超」の内実を、段階的な修道をへめぐることなく、速やかに疾く無上仏道を超証することと解釈している。ここに、われら衆生の苦悩を速やかに出離せしめる道が、横超の仏道として教示されている。

この二双四重の対応関係をより詳細に論じるのが、『愚禿鈔』の文である。いまは「横超」と「竪超」に関する了解を中心に尋ねることにしたい。

大乗教について、二教あり。
一には頓教、二には漸教なり。
頓教について、また二教二超あり。
二教とは、
一には難行　聖道の実教なり。いわゆる仏心・真言・法華・華厳等の教なり。
二には易行　浄土本願真実の教。『大無量寿経』等なり。
二超とは、
一には竪超　即身是仏、即身成仏等の証果なり。
二には横超　選択本願、真実報土、即得往生なり。
（『定親全』二、漢文篇、三―四頁）

真実に二種あり。
一には自利真実なり。
難行道　聖道門
竪超　即身是仏　即身成仏　自力なり。
竪出　自力中の漸教　歴劫修行なり。
二には利他真実なり。

易行道　浄土門
横超　如来の誓願　他力なり。
横出　他力中の自力なり。定散諸行なり。
（『定親全』二、漢文篇、二三―二四頁）

これらの記述から、「横超」という言葉の「横」と「超」の意味を、より正確に窺うことができる。まず、「横」の語は「他力」を表し、具体的には「易行道・浄土門」を指している。それに対して、「竪」の語は「自力」を表し、具体的には「難行道・聖道門」を示している。次に「超」の語は、先に確かめた「迂」や「回」を意味する「出」の語に対しており、「頓速の教え」（頓教）を表している。すなわち、漸次に行を修して段階的に高い境地を目指す教え（漸教）ではなく、段階を必要とせず速やかに迷妄から離れ、ただちに証果を獲得するあり方を示している。

このような了解は、仮名聖教にも窺うことができる。親鸞は『尊号真像銘文』において、「横超」を次のように註釈している。

横はよこさまという、よこさまというは如来の願力を信ずるゆえに行者のはからいにあらず、五悪趣を自然にたちすて四生をはなるるを横という、他力ともうす也、これを横超という也。横は竪に対することば也、超は迂に対することば也、竪はたたさま迂はめぐるとなり、竪と迂とは自力聖道のこころ也、横超はすなわち他力真宗の本意也。（『定親全』三、和文篇、七八頁）

「横」は、自力を表す「たたさま」（竪）に対して「よこさま」という意味であり、如来の本願力によって自己の迷妄を自然に超断することである。このはたらきを「他力」というのであり、その内実は「行者のはからいにあらず」、すなわち人間の努力や修行をまったく必要としない。そして、この横超こそが「他力真宗の本意」であると述べられている。

「横」という語は、たとえば「横暴」や「横領」、「横車を押す」などと用いるように、「道理に従わない」という意味があり、あまり良い意味では使わないように思う。しかし、親鸞は「横」の語に「他力」という意義を読み取った。それは人間が考える論理、すなわち、自力を根拠として仏道を修していこうとする聖道門仏教の道理とは、質的にまったく異なることを表しているのであろう。本来、衆生に根拠を持たない清浄なはたらきがわれわれに施与されること、そのことを親鸞は「横」という言葉で示しているのである。

また、「よこさまにこえる」（横超）とは、換言すれば「横方向の移動」であり、空間で譬えるならば「水平移動」を意味している。それは、自力によって苦悩の心身を解脱して証果を得る「竪方向の移動」、つまり「垂直移動」とは根本的に異なり、どこまでも凡夫の地平、群萌の大地に立脚し続けることを表している。そして、阿弥陀如来の本願力によって、罪悪深重の衆生が愚かな身のままで証大涅槃の仏道に立脚せしめられることを意味しているのである。

ところで、親鸞の「横超」思想について、思想家の吉本隆明が示唆に富む了解を次のように述べている。

この「横超」という概念は、漸次的な歩みの果てに到達があり、到達の果てに安楽の浄土があるというイメージを、まったく組みかえるものであった。また生の歩みの果てに死があり、死の奥

> のほうに無があるという観念のイメージをも組みかえるものであった。ただ漸次的な進行という概念を否定するだけなら超越であればよい。あるいは跳躍であればよい。進行という概念もまた否定をうけなければならない。親鸞はただ充溢するもの、びまんするもの、滲みとおるものの概念が、いわば絶対的な距たりを跳躍するイメージを「横超」という概念にあてているようにみえる[3]。
>
> (「教理上の親鸞」『増補　最後の親鸞』一八四―一八五頁)

まず、「漸次的な歩みの果てに到達があり、到達の果てに安楽の浄土があるというイメージ」とは「横出」を指しており、如来と人間との絶対的な隔たりを一歩ずつ縮めようとするあり方である。端的にいえば「他力中の自力」である。次に「超越」とは、ただ単に「漸次的な進行という概念の否定」であり、「進行」自体を否定するものではない。しかし「横超」とは、如来と人間の絶対的な懸隔を、信仰的自覚によって一挙に跳び超えるあり方であり、「進行」ということも否定されなければならない。吉本は、この「横超」の概念を、「充溢する」「びまんする」「滲みとおる」という、いわば人間の行為や動作を必要としないイメージで理解しようとする。

以上のように考察すると、「苦悩の現実を超出して悟りへと至る」というあり方を〈超越的〉というならば、「超越」の概念は、親鸞の「横超」思想とけっして同義などではない。否むしろ、相反する「竪超」と同義であるといえよう。これは、苦悩の心身を解脱して証果を獲得しようとする自力聖道の教えである。

そして横超の仏道、すなわち浄土真宗の教えは、「苦悩の現実を一歩も離れることがない」わけであるから、むしろ〈内在的〉であるといえるのではないか。他力真宗の教えとは、本願力に乗託することによって、煩悩の我が身の事実を一歩も離れることなく、無上正真道に立脚せしめられるあり方である。これこそが、「具縛の凡愚屠沽の下類、無碍光仏の不可思議の本願、広大智慧の名号を信楽すれば、煩悩を具足しながら無上大涅槃にいたるなり(4)」と教示される不断煩悩得涅槃の仏道であり、親鸞が明らかにした本願他力の信心の自覚内容である。

このことを次に、衆生に発起する信心の内景、すなわち二種深信に確かめたい。

## 第二節　二種の深信

「深心」と言うは、即ちこれ深信の心なり。また二種あり。一つには決定して深く、自身は現にこれ罪悪生死の凡夫、曠劫より已来、常に没し常に流転して、出離の縁あることなしと信ず。二つには決定して深く、かの阿弥陀仏の四十八願は衆生を摂受して、疑いなく慮りなく、かの願力に乗じて、定んで往生を得と信ず。（『真聖全』一、五三四頁）

他力の信心の自覚的内実は、善導の『観経疏』「散善義」に述べられる二種の深信、すなわち機の深信と法の深信によって明らかにされる。

機の深信とは、過去・現在・未来の三世を通して、自身は出離生死の縁なき罪悪深重の凡夫であると深く信ずることである。この一文は、われわれに救いの可能性がまったくないことを語り告げる。

それに対して法の深信とは、阿弥陀の本願は、そのような出離生死の縁なき衆生を必ず摂取すると深く信ずることである。ここに、「自分は絶対に助からない」と信じる心と、「この助からない自分を、阿弥陀仏は絶対に救い取る」と信じる心が同時に述べられている。したがって、これら二種の深信は一読する限り、矛盾した内容のように思われる。

しかし曽我量深は、両者の関係について次のように教示する。

機の深信法の深信。法の深信から機の深信を開いて、その機の深信の中に法の深信を摂めた。二種深信と言っても二つ並べるものではなく、もとは法より機を開き、機の中に法を摂めた。（中略）二種深信というが、機の深信に法の深信を摂める。法の深信がもとで、そこより機の深信を開顕するものであるが、一度法より機を開けば、機中に法あり。（中略）二種深信の開顕に於ては機の深信が眼目であるということを、我々は明かにしておく必要がある。こんなことを言うと、機の深信のみでは地獄一定ということになって救われぬのではないかというが、その機の深信は法の深信より開いた機の深信である。機の深信は法の深信が根元で、法から機を開くに就て二種深信が出来る。（中略）二種深信は法の深信から機の深信を開く。開くのは機の深信に法の深信を摂めんが為である。機の深信の外に法の深信なし、というのが、二種深信を開顕する趣旨である。

（『歎異抄聴記』『選集』六、三九―四一頁）

曽我は、二種深信といっても二つ並べるものではなく、もとは法の深信から機の深信を開いて、その機の深信のなかに法の深信を摂めたという。そして、二種深信の開顕においては機の深信に眼目があると述べる。いま、この了解によるならば、機の深信が衆生の内心に自覚されるのは、その背景に法の深信が存在するからである。われわれ凡夫は、阿弥陀の本願に照らされることによってはじめて、自身が罪悪深重・煩悩熾盛の衆生であることを深く信知することができる。如来の智慧に照射されることによって、自己の分限を真に自覚することができるのである。

親鸞は人間の本性を、次のように的確に捉えている。

一切の群生海、無始より已来乃至今日今時に至るまで、穢悪汚染にして清浄の心なし。虚仮諂偽にして真実の心なし。（「信巻」『定親全』一、一一六―一一七頁）

一切の群萌は、過去から現在に至るまで虚仮不実であり、清浄心や真実心などどこにも存在しない。つまり、われわれの本性とは、たとえいかなる才能や資質を有していようとも、煩悩具足の凡愚に相違ないと見抜かれている。ここに浄土真宗の人間観、すなわち如来の眼による透徹した人間の凝視がある。如来の智慧の光明に照らし出された人間の本質が明示されている。

そもそも、われわれ人間は、自らの分別心によって完全な自己否定を行うことはできない。なぜなら、人間は自力をたのみとして生きる存在だからである。親鸞はこの様相を次のように述べる。

自力というは、わがみをたのみ、わがこころをたのむ、わがちからをはげみ、わがさまざまの善根をたのむひとなり。（『一念多念文意』『定親全』三、和文篇、一四二頁）

ここに、どこまでも自力に執着する人間のありさまが示されている。自力による懸命の修行や努力も、その拠りどころとなるのは虚妄顛倒の我が身でしかない。したがって、生死を出離する根拠となり得ないにもかかわらず、それに気づくことなく自力に固執するわれわれの無明性が、明らかにされている。

前節で論じた「竪超」とは、自分の力を信頼して仏道を修していこうとするあり方であった。しかし、煩悩具足の凡夫である以上、「いずれの行もおよびがたき身」(5)であり、「いずれの行にても生死をはなるることあるべからざる」(6)われらである。阿弥陀如来は、このような無明煩悩の衆生を救済するために本願を建立した。まったく救われる可能性のない存在だからこそ、阿弥陀は大悲願心を発起したのである。

## 第三節　依止の転換に開かれる〈真の立脚地〉

さて、阿弥陀の本願に帰命する一念に、「横超」が凡愚の身に実現するのであるが、この依止の転換に開かれる仏道は、たとえば次のように教示されている。

「即横超截五悪趣」というは、信心をえつればすなわち横に五悪趣をきるなりとしるべしと也。即横超は、即はすなわちという、信をうる人はときをへず日をへだてずして正定聚のくらいにさだまるを即という也、横はよこさまという、如来の願力なり、他力をもうすなり、超はこえてという、生死の大海をやすくよこさまにこえて無上大涅槃のさとりをひらく也。

(『尊号真像銘文』『定親全』三、和文篇、一一九―一二〇頁)

親鸞が明らかにした仏道とは、煩悩具足の凡夫という我が身の事実を一歩も離れずに、しかも生死の苦悩を即時に出離して、無上大涅槃に至る本願他力の仏道であった。この浄土真実の仏道を、『歎異抄』は「無碍の一道」[7]と教えるが、この無碍の一道に立脚した信念を、明治の時代に親鸞の絶対他力の教えに生きた清沢満之は、「自己」を徹底的に問うなかで次のように表白している。

自己トハ何ゾヤ　是レ人世ノ根本的問題ナリ
自己トハ他ナシ　絶対無限ノ妙用ニ乗托シテ任運ニ法爾ニ此境遇ニ落在セルモノ即チ是ナリ
只夫レ絶対無限ニ乗托ス　故ニ死生ノ事亦憂ウルニ足ラズ　死生尚且ツ憂ウルニ足ラズ　如何ニ況ンヤ此ヨリ而下ナル事件ニ於テヲヤ　追放可ナリ　獄牢甘ンズベシ　誹謗擯斥許多ノ凌辱豈ニ意ニ介スベキモノアランヤ　否之ヲ憂ウルト雖ドモ之ヲ意ニ介スト雖ドモ吾人ハ之ヲ如何トモスル能ワザルナリ　我人ハ寧ロ只管絶対無限ノ吾人ニ賦与セルモノヲ楽マンカナ
（「臘扇記」『岩波』八、三六三頁）

宗教的自覚としての「自己」とは、自分のはからいを超えた絶対無限のはたらき、すなわち阿弥陀仏の本願力に乗託して、現前の境遇に落在する存在のことである。これによって、いかなる状況や環境にあっても、自身に不足や不満を感ずることなく、また理想の自分や環境を追い求めることなく、いま現在の自分に満足していくことができる。自らの分限を自覚するとは、人生の拠りどころ、つまり〈真の立脚地〉が明確になることであろう。われわれは生死罪濁の愚かな身ではあるが、本願の信念に立脚するならば、苦悩の人生を超断することができるのである。

また親鸞は、この依止の転換について、『教行信証』「行巻」の他力一乗海釈において、海と言うは、久遠より已来、凡聖所修の雑修雑善の川水を転じ、逆謗闡提恒沙無明の海水を転じて、本願大悲智慧真実恒沙万徳の大宝海水と成る、これを海の如きに喩うるなり。良に知りぬ、『経』に説きて煩悩の氷解けて功徳の水と成ると言えるが如し。　（『定親全』一、七八頁）

と述べる。凡夫善悪の心水が本願他力との値遇を機縁として功徳の大宝海水に転成すると、譬喩的に語っている。そして『高僧和讃』の曇鸞讃では、

無碍光の利益より　威徳広大の信をえて
　かならず煩悩のこおりとけ　すなわち菩提のみずとなる
罪障功徳の体となる　こおりとみずのごとくにて
　こおりおおきにみずおおし　さわりおおきに徳おおし（『定親全』二、和讃篇、九五―九六頁）

と、「煩悩」「罪障の氷」が転じて「菩提」「功徳の水」になると端的に詠っている。如来による救済とは、何も煩悩自体が消滅してしまうことではない。人間の妄念が照破されることによって、流転の迷妄が翻されることである。いま現に自分が生きている世界の意味が転ぜられ、新たな世界として眼前に広がってくる、この転換こそが「転成」の道理として教示されるのである。

「横超」は、〈自己の迷いを超える〉という意味において、確かに「超越」という意味を有している。しかし、それは単に他世界への転生とか、いまの場所を離れてどこか別の場所へ行く（往く）ということではない。人生の立脚地が転ぜられる、すなわち依止の転換こそが「横超」の現実相である。し

たがって、われわれはこの現実のただなかにおいて、無明存在としての自己を嫌忌して超越していく必要など、どこにもない。煩悩具足の凡夫という我が身の事実を一歩も離れることなく、しかもそこに開かれる救済の道こそが、親鸞が明らかにした横超の仏道である。

## おわりに

以上のように推究するならば、親鸞が開顕した浄土真宗の仏道とは、宗教的〈高み〉を指向する教えではなく、どこまでも宗教的〈深み〉を自覚する教えとして、一切の存在に平等に開示されているといえよう。自力による超越を救済の契機とするのではなく、二種の深信という自覚内容を救済の契機とする。つまり、我が身についての徹底した自覚を通して開かれてくるのが、浄土真宗における覚醒である。「序　問題の所在」で提起したように、「超越の可能性が閉じつつある」といわれる現代において、人間の真の救済と精神的目覚めを推究する上で、大切な視座が示されていると思う。

最後に、あらためて「横超」の意義を、曽我量深の言葉に尋ねたい。

われわれの信心の生活、仏法の生活、ほんとうの喜びの生活、明るい生活、それを往生という。だから、ここからどこかへ行くというようなものではないのでしょう。常に身は娑婆世界に居るけれども、心は娑婆世界を超越しておる。往とは超越をあらわす。この身は煩悩の身でありますからして、この娑婆世界におる。娑婆世界におっても、心はちゃんと超越して、そうして心は浄土に居るのである。心が常に光の世界に躍動している、そういう生活を往生浄土というのである。（中略）横超は、自分の現在の生活が横超である。死ぬときに横超するのだというてみても、それは証拠もないのに、カラ喜び、ヌカ喜びしているに過ぎない。

（『正信念仏偈聴記』『選集』九、二七六頁）

ここに往生浄土の自覚的内実が示されている。往生とは、罪悪生死の凡夫が自力難行の修道を経て仏の境地に至る歩みではない。また、臨終の彼方に期待することでもない。この現実の娑婆世界において、信心を獲得して浄土の生活を行うこと、これこそが浄土真宗の往生である。したがって、「序問題の所在」で述べた、「いま現在の生活が新鮮な場所としてあらためて開示される」とは、他力の信心によって、現在の生活が喜びに満ちた生活へと転換されることであり、そのありさまを「横超」と教示するのである。

このように親鸞は、本願の信を獲得した現生に、ただちに往生浄土が実現すると明らかにした。これによって、われわれ凡夫は罪悪深重の身のままに、自己に賦与された現在の境遇を真に荷負《にな》っていくことができる。苦悩と矛盾に満ちた現実を生きながらも、忌避したり否定したりすることなく、いまの自分にかけがえのない価値を見出すことができるのである。

ところで、浄土真宗の救済観には、超越存在、すなわち真如そのものが、阿弥陀如来（法蔵菩薩）として現前し、人間の現実に即応する（内在化する）ことによって有限な衆生を摂取する、という大切な側面がある。この教えは、たとえば回向や方便の問題、また二種法身説として示されてきた。本章では、われわれ人間がいかにして救われるか、どのようにして自己の迷妄から目覚めることができるかという、いわば有限存在側からの観点に立って考察を進めてきた。残された問題については、第Ⅱ部「第五章　他力門における覚醒の構造」での考究に譲りたい。

## 註

（1）『新字源』（角川書店）九九三・二〇二頁参照。
（2）『新字源』五二二頁参照。
（3）この吉本の了解については、すでに加藤典洋が指摘している。詳しくは「日本の現状と宗教の可能性――超越性と現代の文学をめぐって」『現代と親鸞』第八号、六七・八〇頁を参照。
（4）『唯信鈔文意』『定親全』三、和文篇、一六八頁。
（5）『歎異抄』第二条、『定親全』四、言行篇(1)、六頁。
（6）『歎異抄』第三条、『定親全』四、言行篇(1)、七頁。
（7）『歎異抄』第七条、『定親全』四、言行篇(1)、一〇頁。

第二章

# 信心獲得の内実——「現生十種の益」の文を中心として

## はじめに

本章では、親鸞が阿弥陀如来の本願力回向による「信心獲得」という出来事を、どのように受けとめていたか、また、そこにいかなる内実が恵まれると了解していたかについて考察する。信心獲得ということは、親鸞思想の根幹に関わる問題であり、究明すべき課題は多岐にわたる。そこで本章では、『教行信証』「信巻」に述べられる、いわゆる「現生十種の益」の文の考察を通して、金剛の真信を獲得した衆生に開かれる利益について推究したい。

親鸞は「信巻」冒頭の大信釈において、

大信心は則ちこれ長生不死の神方、欣浄厭穢の妙術、選択回向の直心、利他深広の信楽、金剛不壊の真心、易往無人の浄信、心光摂護の一心、希有最勝の大信、世間難信の捷径、証大涅槃の真

因、極速円融の白道、真如一実の信海なり。（『定親全』一、九六頁）

と述べ、衆生に発起する信心は「金剛不壊の真心」であるという。そして、金剛不壊の真心を獲得した衆生に開かれる利益について、同じく「信巻」に次のように論じる。

金剛の真心を獲得すれば、横に五趣八難の道を超え、必ず現生に十種の益を獲。何者か十とする。一つには冥衆護持の益、二つには至徳具足の益、三つには転悪成善の益、四つには諸仏護念の益、五つには諸仏称讃の益、六つには心光常護の益、七つには心多歓喜の益、八つには知恩報徳の益、九つには常行大悲の益、十には正定聚に入る益なり。

（『定親全』一、一三八―一三九頁、傍線筆者）

ここに「現生十種の益」が示されるが、信心の行者にそなわる十種の利益とはいかなるものであるか。また、そこに明らかとなる「真宗の人間像」とはどのような存在であるか。これらの諸問題について、以下、「現生十種の益」の文を手がかりとして究明したい。

## 第一節　獲得金剛真心

「現生十種の益」は、その本文に明らかなように、金剛の真心を獲得した者に自然に開かれる利益である。いま「自然に」と強調した理由については、後節で述べることにして、そもそも「金剛の真心」とは何であろうか。先の「現生十種の益」の文の直前には、『仏説無量寿経』（以下、『大経』と

略記）の第十八願成就文の「一念」[1]を自釈して、

一念と言うは、信心二心なきが故に一念と曰う。これを一心と名づく。一心は則ち清浄報土の真因なり。（『定親全』一、一三八頁）

と述べている。したがって金剛の真心とは、清浄報土すなわち阿弥陀の浄土に往生する真因たる一心である。

ところで親鸞は、この自釈に先立って、「信巻」三一問答の欲生釈および三心結釈において、次のように論じている。

能生清浄願心と言うは、金剛の真心を獲得するなり。本願力回向の大信心海なるが故に破壊すべからず。これを金剛の如しと喩うるなり。（中略）信に知りぬ。至心信楽欲生、その言は異なりといえども、その意惟一なり。何をもっての故に、三心すでに疑蓋雑わることなし。故に真実の一心なり、これを金剛の真心と名づく。金剛の真心、これを真実の信心と名づく。（『定親全』一、一三一―一三二頁）

「能生清浄願心」とは、もとは善導の『観経疏』「散善義」回向発願心釈の「二河譬」に説かれる言葉である。衆生の貪瞋煩悩のただなかに発起する清浄願往生心は、けっして衆生が自ら起こしたものではない。それは阿弥陀の本願力回向の信である。『浄土文類聚鈔』において、端的に「「能生清浄願心」というは、これ凡夫自力の心にあらず。大悲回向の心なり。故に清浄願心と言えり[2]」と示される通りである。

そして「金剛」とは、同じく善導の『観経疏』「散善義」回向発願心釈に、

回向発願して願じて生ずる者は、必ず決定して真実心の中に回向したまえる願を須いて得生の想を作せ。この心深信せること、金剛の若くなるに由って、一切の異見・異学・別解・別行の人等のために動乱破壊せられず。

（『真聖全』一、五三八頁）

と述べられている。この「異学」と「別解」について『一念多念文意』では、

異学というは、聖道・外道におもむきて、余行を修し、余仏を念ず、吉日良辰をえらび、占相祭祀をこのむものなり、これは外道なり、これらはひとえに自力をたのむものなり。別解は、念仏をしながら、他力をたのまぬなり。別というは、ひとつなることを、ふたつにわかちなすことばなり、解はさとるという、とくということばなり、念仏をしながら自力にさとりなすなり。かるがゆえに、別解というなり。

（『定親全』三、和文篇、一四一―一四二頁）

と具体的に示している。この文から推するに、「異見・異学・別解・別行の人等」とは、外道や自力の行者を指すのであろう。「金剛の真心」とは、そのような者によって動乱・破壊されない心のことである。

また親鸞は、「獲得」について次のように定義している。

獲の字は因位のときうるを獲という。得の字は果位のときにいたりてうることを得というなり。

（『正像末和讃』『定親全』二、和讃篇、二二〇頁）

したがって、「金剛の真心を獲得すれば」とは因果一体、すなわち衆生に真実信心が成就する一念

のたちどころに、という意味であると解される。親鸞が、「一念はこれ信楽開発の時剋の極促を顕し、広大難思の慶心を彰すなり(3)」、あるいは「一念というは、信心をうるときのきわまりをあらわすことばなり(4)」と述べていることからも、ここに信心獲得の即時性が示されているのである。

## 第二節　横超五趣八難道

親鸞は「現生十種の益」の文で、金剛の真心たる真実信心を獲得すれば、横に五趣・八難の道を超えるという。「横超」については前章で論じたが、再度、親鸞の了解を窺っておきたい。『大経』の「横に五悪趣を截り、悪趣自然に閉じん(5)」という文に対して、『尊号真像銘文』で次のように註釈している。

「横截五悪趣悪趣自然閉」というは、横はよこさまという、よこさまというは如来の願力を信ずるゆえに行者のはからいにあらず、五悪趣を自然にたちすて四生をはなるるを横という、他力ともうす也、これを横超という也。横は竪に対することば也、超は迂に対することば也、竪はたたさま迂はめぐるとなり、竪と迂とは自力聖道のこころ也、横超はすなわち他力真宗の本意也。截というはきるという、五悪趣のきずなをよこさまにきる也。悪趣自然閉というは、願力に帰命すれば五道生死をとずるゆえに自然閉という、閉はとずという也。本願の業因にひかれて自然にうまるる也。

（『定親全』三、和文篇、七八—七九頁）

「横」とは阿弥陀如来の本願力のことであり、その大悲願力によって、われら衆生が生死の大海を超えて無上涅槃のさとりを開くありさまを「横超」という。ここに五悪趣が自然に截ち切られていく。そして本願のはたらきによって、自然に阿弥陀の浄土に往生するのである。

親鸞は「信巻」の横超釈で、「大願清浄の報土には品位階次を云わず、一念須臾の傾に速やかに疾く無上正真道を超証す、故に横超と曰うなり」(6)と表白する。したがって「横超」とは、本願他力の自然法爾のはたらきとして、われら凡夫が速疾に無上正真道に立脚せしめられることを意味している。

この本願の仏道の内実は、たとえば「正信偈」に「獲信見敬大慶人　即横超截五悪趣」(7)と述べられ、『尊号真像銘文』で次のように註釈されている。

「獲信見敬得大慶」というは、この信心をえておおきによろこびうやまう人という也。大慶はおおきにうべきことをえてのちによろこぶという也。「即横超截五悪趣」というは、信心をえつればすなわち横に五悪趣をきるなりとしるべしと也。即横超は、即はすなわちという、信をうる人はときをへず日をへだてずして正定聚のくらいにさだまるを即という也、横はよこさまという、如来の願力なり、他力をもうすなり、超はこえてという、生死の大海をやすくよこさまにこえて無上大涅槃のさとりをひらく也。(『定親全』三、和文篇、一一九―一二〇頁)

親鸞は、「慶」とは信心を得たのちによろこぶことであるという(8)。したがって、五悪趣を超截することも、正定聚の位に定まることも、無上大涅槃のさとりを開くことも、すべて信心獲得の一事に自然に成就する功徳の内実として了解されるのである。

さて、「現生十種の益」の文では、「五悪趣」はより具体的に「五趣」「八難」と示されている。「五趣」とは「地獄・餓鬼・畜生・人・天」であるが、修羅も包んだ六趣（六道）のことであろう。また、「八難」とは「地獄・餓鬼・畜生・長寿天・辺地・聾盲瘖瘂・世智弁聡・仏前仏後」のことである。(9)(10)「悪趣」とは悪業を積んだ報いとして趣かなければならない迷いの境界であり、「難」とは仏道修行の妨げとなる障りのことである。いずれにしても、仏法に値遇しがたいありさまを表しているが、端的にいえば、それはわれわれの現実の相である。

たとえば「仏前仏後」とは、仏がこの世にいないときに仏法に遇いがたいことを意味している。これについて曇鸞は、龍樹の『十住毘婆沙論』によりながら、

菩薩、阿毘跋致を求むるに二種の道あり。一つには難行道、二つには易行道なり。難行道は、いわく五濁の世、無仏の時において、阿毘跋致を求むるを難とす。（中略）ただこれ自力にして他力の持つなし。（中略）譬えば陸路の歩行は則ち苦しきが如し。易行道は、いわく、ただ信仏の因縁をもって浄土に生まれんと願ず。仏願力に乗じて、便ちかの清浄の土に往生を得。仏力住持して、即ち大乗正定の聚に入る。正定は即ちこれ阿毘跋致なり。譬えば水路に船に乗ずれば則ち楽しきが如し。（『浄土論註』『真聖全』一、二七九頁）

と述べて、五濁の世、無仏の時に阿毘跋致を求むる道を難行道であると示し、その理由をただ自力だからであると述べる。これに対して、信仏の因縁によって報土往生を遂げる仏道こそ易行道であり、われわれ凡夫が修することのできる他力の一道として顕彰する。したがって曇鸞の教示は、「仏前仏後」

という隘路を超克する道が、本願の仏道として開顕されていることを表している。われら凡愚の衆生は、金剛の真心を獲得する一念において、本願力のはたらきによって自然に、五趣・八難といわれるような、いかなる実存状況をも超えしめられるのである。

## 第三節　必獲現生十種益

親鸞は『尊号真像銘文』で、『大経』の「必得超絶去、往生安養国」[11]の「必」の字を釈して、次のように述べる。

必はかならずという、かならずというはさだまりぬということろ也、また自然ということろ也。（『定親全』三、和文篇、七七頁）

「必」とは「定まる」という意味であり、願力自然を表す言葉である。そして「獲」の字は、先に「因位のときうるを獲という」ことを確かめた。したがって「必獲」の語は、信心獲得の行者は当来に利益を得るのではなく、現生において信心の功徳である十種の益を得ることを示している。これは、親鸞が「現生護念」の語を「このよにてまことの信ある人をまもりたまう」[12]、あるいは「このよにてまもらせたまう」[13]と註釈していることからも、この現実のただなかに信心の行者に成就する功徳であることがわかる。

さて、この「現生十種の益」については、先学によって、その論拠となる聖教が指摘され、またさまざまな了解や分類が行われてきた。[14] いま紙幅の都合上、十種の益すべてを考究することはできない。したがって、その論拠となる聖教や親鸞の了解について、資料として提示する程度にとどめ、[15] そのなかでも特に注目すべき「常行大悲の益」について考察したい。

いま、この利益に着目するのは、ほかの九益が信心の行者に施与される利益と理解できるのに対し、「常行大悲の益」は信心獲得の行者が実践すべき行として、一見すると読めてしまうからである。[16] つまり、阿弥陀の大悲願心に生きる者は、自身もまた大悲を行ずる者になると読めるのである。しかし、はたして親鸞はそのように理解していたのだろうか。この「常行大悲の益」の内実を示す証文は、「信巻」真仏弟子釈に引用される『安楽集』中の『大悲経』の文であると考えられる。

『大悲経』に云わく、いかんが名づけて大悲とする。もし専ら念仏相続して断えざれば、その命終に随いて定んで安楽に生ぜん。もしよく展転してあい勧めて念仏を行ぜしむる者は、これらをことごとく大悲を行ずる人と名づくと。

（「信巻」所引、道綽『安楽集』内『大悲経』の文、『定親全』一、一四七頁）

ここに、念仏の教えを人に勧めて行ぜしめるならば、その勧めた人は大悲を行ずる人であることが示されている。文字通り理解すれば、真仏弟子としての利他行を表しているといえようが、親鸞が続けて引用する善導の『往生礼讃』の文に注目したい。

仏世はなはだ値い難し、人信慧あること難し。たまたま希有の法を聞くこと、これまた最も難しとす。自ら信じ人を教えて信ぜしむ、難きが中に転た更難し。大悲、弘く普く化する、真に仏恩

を報ずるに成ると。（「信巻」所引、善導『往生礼讃』の文、『定親全』一、一四八頁、傍点筆者）

傍点を付した箇所について、『往生礼讃』では本来、「大悲伝普化」（大悲を伝えて普く化する）となっているが[17]、親鸞は智昇の『集諸経礼懺儀』から引用して「大悲弘普化」と記している[18]。この差異について、たとえば存覚は「伝の字と弘と各一本による。ともに乖かざるか。伝は即ち伝通、弘は弘通なり[19]」と了解して、どちらも意味に変わりはないと述べる。

しかし親鸞自身、「化身土巻」で「弘の字は、智昇法師の懺儀文によった」と註記しているのだから、「伝」ではなく「弘」の字を用いたことについて、親鸞の明確な意図を読み取るべきではないだろうか。「大悲を伝えて普く化する」であれば、その主体は仏法に値遇した衆生になる。しかし親鸞は、「大悲、弘く普く化する」と記しているのだから、仏の大悲自身が教化するのであり、その大悲が真実であるからこそ教えが自ずと弘まる、という意味として了解すべきであろう。したがって「常行大悲の益」も、信心の利益として衆生自身が大悲を行ずる者となる、と理解すべきではない。大悲の願心が衆生を救い、その救済の事実が衆生を通して他者に伝わっていく。そして、他者も同じく大悲によって救われていくのである。阿弥陀如来に摂取された凡愚は、その愚かな身が大悲を受け伝える場として転ぜられていく。これが「常行大悲の益」の内実である。

ところで、この「現生十種の益」の文全体を了解する上で、注意しなければならない点が二つある。一つは、われら凡夫にとっては金剛の真心の獲得が主眼であって、「現生十種の益」はその信心に自然に開かれる従属たる功徳だということである。「現世利益和讃」に「南無阿弥陀仏をとなうればこの世の利益きわもなし[20]」と詠われるが、本願の名号に現世の利益が自ずと開示されるのであって、現世利益を願って念仏を称えるのではない。この次第を誤って了解するならば、「冥衆護持」と謳いながらも、その実、「如来の法衣をつねにきて　一切鬼神をあがむめり」「仏教の威儀をこととして天地の鬼神を尊敬す[21]」と、親鸞によって悲歎述懐されるありさまに堕してしまうことになる。

もう一つは、たとえば『浄土文類聚鈔』に「信を発して名を称するは光摂護したまう、また現生無量の徳を獲[22]」と述べられるように、「信巻」では「現生十種の益」として十種を挙げているが、何も十種に限定しているわけではない。その内実は、無量の功徳が身に満ちるということである。すでに確かめたように、衆生に現生十種の利益が成就するのは、信心獲得の一念に五趣・八難を横超するからである、ともいえるし、また五趣・八難を超える具体相として、十種の利益が成就するともいえる。ただ、いずれにしても、金剛の真心を獲得するという一事が、われら凡夫に深く問われている。これが「現生十種の益」の文の眼目である。

## おわりに

さて、「現生十種の益」の文以降の「信巻」の展開を確かめると、このあと正定聚の機の内実を明かす横超釈、断四流釈が述べられ、続いて真仏弟子釈が論じられる。「真仏弟子」とは、善導『観経疏』「散善義」深心釈の文中の語である[23]。その語に対して親鸞は、真仏弟子と言うは、真の言は偽に対し、仮に対するなり。弟子とは釈迦諸仏の弟子なり、金剛心の行人なり。この信行に由って必ず大涅槃を超証すべきが故に真仏弟子と曰う。

（「信巻」『定親全』一、一四四頁）

と註釈を加え、引用文（経文証・釈文証）によって論証するが[24]、その引用文中に「現生十種の益」の根拠となる文が引用されている点に注目したい。すなわち、前節で論じた「常行大悲の益」を明証する『大悲経』や『往生礼讃』の文以外に、たとえば第三十四・聞名得忍の願文中の「無生法忍」、『観経疏』「序分義」の「心歓喜得忍」、『龍序浄土文』の第十八願成就文などは、十番目の「正定聚に入る益」の内実を示していると思われる。また、『大経』『如来会』『仏説観無量寿経』（以下、『観経』と略記）『観経疏』「散善義」の文などに説かれる「善き親友」「広大勝解者」「人中の分陀利華」は、五番目の「諸仏称讃の益」の具体相を表しているといえよう。これらの点から、「現生十種の益」は真仏弟子に成就する功徳であることが窺われる。

そして、真仏弟子釈は次のように結ばれる。

真に知りぬ。弥勒大士、等覚金剛心を窮むるが故に、龍華三会の暁、当に無上覚位を極むべし。念仏衆生は、横超の金剛心を窮むるが故に、臨終一念の夕、大般涅槃を超証す。故に便同と曰うなり。しかのみならず、金剛心を獲る者は則ち韋提と等しく、即ち喜悟信の忍を獲得すべし。これ則ち往相回向の真心徹到するが故に、不可思議の本誓に藉るが故なり。

（「信巻」『定親全』一、一五一頁）

ここに、横超の金剛心を得る者は、等覚の弥勒菩薩と同じく、また無生法忍を獲得した韋提希と等しいことが明らかにされている。これらの点から、「現生十種の益」の文以降の展開を尋ねると、一つの事柄を確認することができる。罪悪深重・煩悩熾盛のわれら衆生は、真実信心を獲得するところに、「現生十種の益」といわれる現世の利益を、その煩悩の身に賜る。そして、その成就した相を「真仏弟子」と名づけ、具体的には弥勒菩薩や韋提希と等同なる存在に転ぜられるのである。ここに、親鸞における信心獲得という出来事がいかなる内実を有しているか、また、信心獲得した凡夫に成就する人間像がどのような存在であるかが明確に示されている。

## 註

(1)「あらゆる衆生、その名号を聞きて信心歓喜せんこと、乃至一念せん。至心に回向せしめたまえり。かの国に生まれんと願ぜば、即ち往生を得て不退転に住せん。ただ五逆と誹謗正法とをば除く。」(『真聖全』一、二四頁、傍点筆者)。
(2)『定親全』二、漢文篇、一四九頁。
(3)「信巻」『定親全』一、一三六―一三七頁。
(4)『一念多念文意』『定親全』三、和文篇、一二七頁。
(5)『真聖全』一、三一頁。
(6)『定親全』一、一四一頁。

（7）『定親全』一、八七頁。

（8）『唯信鈔文意』でも同様に、「慶はよろこぶという、信心をえてのちによろこぶなり」（『定親全』三、和文篇、一七五頁）と述べている。

（9）「聾盲瘖瘂」とは、文字通り解釈すれば、耳・眼・口などの身体的器官が不自由な状態を指す言葉である。ただし、聖教には「無量寿仏国は往き易く取り易くして、人修行して往生することあたわず。かえって九十五種の邪道に事う。我この人を説きて、眼なき人と名づく、耳なき人と名づく」（『教行信証』「行巻」所引、道綽『安楽集』の文、『定親全』一、四一―四二頁）と説かれ、親鸞はこれを受けて、「大聖易往とときたまう　浄土をうたがう衆生をば　無眼人とぞなづけたる　無耳人とぞのべたまう」（『浄土和讃』『定親全』二、和讃篇、五五頁）と詠っている。「聾盲瘖瘂」を仏智疑惑という信心の問題として捉えている点には留意すべきであろう。

（10）『仏教辞典』（岩波書店）、『仏教学辞典』（法藏館）などを参照。

（11）『真聖全』一、三二頁。

（12）『尊号真像銘文』『定親全』三、和文篇、九八頁。

（13）『一念多念文意』『定親全』三、和文篇、一三五頁。

（14）講録などでは従来、十番目の「入正定聚の益」が総益で、ほかの九益は別益であるといわれている。その他の分類については、稲葉圓成「現生十種益の研究――現実生活の指導原理」（『大谷学報』第一九巻第三号）、大門照忍「現生利益の考察――真仏弟子の諸問題」（『親鸞教学』第二一号）、徳永道雄「親鸞聖人の現生十種の益における伝道的立場」（『龍谷大学論集』第四四八号）などを参照。

（15）

⑴冥衆護持の益

・「もし人専らこの念弥陀仏三昧を行ずれば、常に一切の諸天および四天大王・龍神八部、随逐影護し愛楽相見することを得て、永く諸の悪鬼神、災障厄難もって横に悩乱を加うることなけんと。」(善導『観念法門』所引、『般舟三昧経』の文、『真聖全』一、六二九頁)。

・「念仏者は無碍の一道なり。そのいわれいかんとならば、信心の行者には、天神・地祇も敬伏し、魔界・外道も障碍することなし。罪悪も業報を感ずることあたわず、諸善もおよぶことなきゆえなりと云々。」(『歎異抄』第七条、『定親全』四、言行篇(1)、一〇頁)。

(2)至徳具足の益

・「かの仏の名号を聞くことを得て、歓喜踊躍して、乃至一念せんことあらん。当に知るべし、この人は大利を得とす。則ちこれ無上の功徳を具足するなり。」(『大経』『真聖全』一、四六頁)。

・「「為得大利」というは、無上涅槃をさとるゆえに、「則是具足無上功徳」とものたまえるなり。則というは、すなわちという、のりともうすことばなり、如来の本願を信じて一念するに、かならずもとめざるに、無上の功徳をえしめ、しらざるに広大の利益をうるなり。」(『一念多念文意』『定親全』三、和文篇、一三七頁)。

(3)転悪成善の益

・「円融至徳の嘉号は、悪を転じて徳を成す正智、難信金剛の信楽は、疑いを除き証を獲しむる真理なりと。」(『教行信証』「総序」『定親全』一、五頁)。

・「行者のはじめてともかくもはからわざるに、過去・今生・未来の一切のつみを転ず、転ずというは善とかえなすをいうなり。もとめざるに一切の功徳善根を仏のちかいを信ずる人にえしむるがゆえにしからしむという、はじめてはからわざれば自然というなり。」(『唯信鈔文意』『定親全』三、和文篇、一五九頁)。

(4)諸仏護念の益

・「この諸の善男子・善女人、みな一切諸仏のために共に護念せられて、みな阿耨多羅三藐三菩提を退転せざることを得ん。」(『仏説阿弥陀経』『真聖全』一、七一頁)。

・「このよにて真実信心の人をまぼらせ給えばこそ、『阿弥陀経』には、十方恒沙の諸仏護念すとは申す事にて候え。安楽浄土へ往生してのちはまもりたまうと申すことにては候わず。娑婆世界いたるほど護念すと申す事也。」(『真蹟書簡』『定親全』三、書簡篇、二五頁)。

(5)諸仏称讃の益

・「法を聞きて能く忘れず、見て敬い得て大きに慶ばば、則ち我が善き親友なり。」(『大経』『真聖全』一、二七頁)。

・「一切善悪凡夫人、如来の弘誓願を聞信すれば、仏、広大勝解の者と言えり。この人を分陀利華と名づく。」(「行巻」『定親全』一、八七頁)。

(6)心光常護の益

・「ただ阿弥陀仏を専念する衆生ありて、かの仏心の光、常にこの人を照らして摂護して捨てたまわず。すべて余の雑業の行者を照らし摂むと論ぜず。これまたこれ現生護念増上縁なり。」(善導『観念法門』『真聖全』一、六二八―六二九頁)。

・「「彼仏心光常照是人」というは、彼はかのという。仏心光は無碍光仏の御こころともうす也。常照はつねにてらすともうす、つねにというは、ときをきらわず、日をへだてず、ところをわかず、まことの信心ある人をばつねにてらしたまうと也、てらすというはかの仏心のおさめとりたまうと也、仏心光はすなわち阿弥陀仏の御こころにおさめたまうとしるべし、是人は信心をえたる人也、つねにまもりたまうともうすは、天魔波旬にやぶられず、悪鬼・悪神にみだられず摂護不捨したまうゆえ也。「摂護不捨」

という は、おさめまもりてすてずと也。」(『尊号真像銘文』『定親全』三、和文篇、九七―九八頁)。

(7)心多歓喜の益

・「あらゆる衆生、その名号を聞きて信心歓喜せんこと、乃至一念せん。至心に回向せしめたまえり。かの国に生まれんと願ぜば、即ち往生を得て不退転に住せん。ただ五逆と誹謗正法とをば除く。」(『大経』『真聖全』一、二四頁)。

・「しかれば真実の行信を獲れば、心に歓喜多きが故に、これを歓喜地と名づく。」(「行巻」『定親全』一、六七頁)。

(8)知恩報徳の益

・「それ菩薩は仏に帰す。孝子の父母に帰し、忠臣の君后に帰して、動静己にあらず、出没必ず恩を知りて徳を報ずるに由るが如し。理宜しくまず啓すべし。」(曇鸞『浄土論註』『真聖全』一、二八二頁)。

・「ここに久しく願海に入りて、深く仏恩を知れり。至徳を報謝のために、真宗の簡要を摭うて、恒常に不可思議の徳海を称念す。」(『教行信証』「化身土巻」『定親全』一、三〇九頁)。

(9)常行大悲の益

・本章「第三節　必獲現生十種益」で示した、「信巻」に引用される道綽『安楽集』内の『大悲経』の文や、同じく「信巻」所引の善導『往生礼讃』の文など。

(10)入正定聚の益

・「たとい我、仏を得んに、国の中の人天、定聚に住し必ず滅度に至らずば、正覚を取らじ。」(『大経』『真聖全』一、九頁)。

・「煩悩成就の凡夫、生死罪濁の群萌、往相回向の心行を獲れば、即の時に大乗正定聚の数に入るなり。正定聚に住するが故に必ず滅度に至る。」(『教行信証』「証巻」『定親全』一、一九五頁)。

(16)「知恩報徳の益」も一見すると、衆生の実践行（仏徳を報謝する）を意味しているように読める。これについては別に考察が必要であるが、いまは指摘するだけにとどめたい。
(17)『真聖全』一、六六一頁参照。傍点筆者。
(18)この『往生礼讃』の文は「化身土巻」にも引用されるが、引用箇所の頭註に「弘字　智昇法師　懺儀文也」と記されている。『定親全』一、三〇七頁参照。傍点筆者。
(19)『六要鈔』『真聖全』二、四〇六頁。
(20)『定親全』二、和讃篇、六〇頁。
(21)「愚禿悲歎述懐」『定親全』二、和讃篇、二一二―二一三頁。
(22)『定親全』二、漢文篇、一四一頁。
(23)『真聖全』一、五三四頁参照。
(24)「信巻」『定親全』一、一四四―一五一頁参照。

第三章

# 「行者のはからい」考

## はじめに

前章で考察したように、親鸞が開顕した浄土真宗の仏道において、衆生における根本課題は信心獲得の一事である。煩悩具足の凡夫たるわれらが、「金剛の真心」と称される真実信心を、いかにしてこの身に獲得することができるのか。この点について、『教行信証』「信巻」の「別序」には、

夫れ以みれば、信楽を獲得することは如来選択の願心より発起す、真心を開闡することは大聖矜哀の善巧より顕彰せり。しかるに末代の道俗・近世の宗師、自性唯心に沈みて浄土の真証を貶す、定散の自心に迷いて金剛の真信に昏し。（『定親全』一、九五頁）

と明確に示されている。われら衆生における信心の獲得は、阿弥陀の選択本願を因（自）とし、大聖世尊の善巧方便を縁（従）として成就する。しかしながら、その事実に頷くことのできない末代の道

俗・近世の宗師は、自性唯心に沈み、定散の自心に迷って金剛の真信に昏いことが、同時に示されている。「自性唯心に沈む」ことも「定散の自心に迷う」ことも、ともに自力の行者に対しての厳格な批判であり、真実信心を獲得する上で解明されなければならない課題である。

親鸞は関東の門弟への書簡のなかで、師法然の「他力には義なきを義とす」との仰せを釈して、

義ということは、はからうことばなり。行者のはからいは自力なれば義というなり。他力は本願を信楽して往生必定なるゆえに、さらに義なしとなり。しかれば、わがみのわるければいかでか如来むかえたまわんとおもうべからず、凡夫はもとより煩悩具足したるゆえにわるきものとおもうべし。またわがこころよければ往生すべしとおもうべからず、自力の御はからいにては真実の報土へ生ずべからざるなり。行者のおのおのの自力の身にては、懈慢・辺地の往生、胎生・疑城の浄土までぞ、往生せらるることにてあるべきとぞうけたまわりたりし。

（『末燈鈔』『定親全』三、書簡篇、六四―六五頁）

と述べ、法然の教示を確認している。ここに、「自力」とは「行者のはからい」であり、行者の自力のはからいによる信(1)では、真実報土に往生することはできず方便化土に留まることが明示されている。

このように、阿弥陀の本願を信受する上で一番の問題が自力の執心、すなわち行者のはからいである。そこで本章では、「行者のはからい」とは何であるか、またそれを超克する道とはいかなるものであるか、その内実と道程について推究したい。

## 第一節　「行者のはからい」とは

まずはじめに、親鸞の著作や書簡のなかで、「行者のはからい」という言葉がどのような文脈で述べられているか、上記で引用した文以外に確認したい。

自然というは、自はおのずからという、行者のはからいにあらず、然というはしからしむということばなり。しからしむというは行者のはからいにあらず、如来のちかいにてあるがゆえに法爾という。法爾というは、この如来の御ちかいなるがゆえにしからしむるを法爾というなり。法爾はこの御ちかいなりけるゆえに、おおよす行者のはからいのなきをもって、この法の徳のゆえにしからしむというなり。すべてひとのはじめてはからわざるなり。このゆえに義なきを義とすとしるべしとなり。

（『末燈鈔』『定親全』三、書簡篇、七二―七三頁、傍線筆者）

正定聚に信心の人は住し給えりとおぼしめし候なば、行者のはからいのなきゆえに、義なきを義とすと他力をば申すなり。善とも悪とも、浄とも穢とも、行者のはからいなきみとならせ給て候えばこそ、義なきを義とすとは申すことにて候え。（中略）このゆえに他力と申すは、行者のはからいのちりばかりもいらぬなり。かるがゆえに義なきを義とすと申すなり。

（『御消息集（善性本）』『定親全』三、書簡篇、一六二―一六三頁、傍線筆者）

右に引用した文以外にも、『尊号真像銘文』や『一念多念文意』などの仮名聖教、『親鸞聖人御消息集』などの書簡に、「行者のはからい」という言葉を散見することができる。(2) これらの文から、「行者のはからい」とは、「自然」や「他力」と相反する内容を指し、具体的には、行者の分別による善悪や有念無念、浄穢など、要するに「行者のおのおのの自力の身（信）」という意味であることがわかる。

本章の「はじめに」で確かめたように、凡夫はもとより煩悩具足の身であるから、根源的に罪悪深重である。したがって、どのような善い行為や思念であったとしても、われわれの側に根拠を持つ限り、それは「はからうこころ」であり「自力の信心」である。

親鸞は、『大経』に説かれる第十八の本願文中の「至心信楽」を註釈して、

至心は真実ともうすなり、真実ともうすは如来の御ちかいの真実なるを至心ともうすなり。煩悩具足の衆生はもとより真実の心なし、清浄の心なし、濁悪邪見のゆえなり。信楽というは、如来の本願真実にましますを、ふたごころなくふかく信じてうたがわざれば、信楽ともうす也。この至心信楽は、すなわち十方の衆生をして、わが真実なる誓願を信楽すべしとすすめたまえる御ちかいの至心信楽也、凡夫自力のこころにはあらず。

（『尊号真像銘文』『定親全』三、和文篇、七三―七四頁）(3)

と述べる。ここに「至心」とは「真実」であり、「真実」とは如来の本願のことであって、煩悩具足の衆生、濁悪邪見の凡夫にはもとより真実心などないことを明示している。そして、如来の本願を信ずる心、すなわち「信楽」も、二心なく深信して疑惑のないことであると述べる。したがって、「至

心」も「信楽」もともに「凡夫自力のこころ」ではないのである。

ところで、ここに示される「至心」について、「真実《まこと》のこころ」と読むことができるが、蓮如は『御文』で次のように述べている。

> 信心といえる二字をばまことのこころとよめるなり。まことのこころというは、行者のわろき自力のこころにてはたすからず、如来の他力のよきこころにてたすかるがゆえに、まことのこころとはもうすなり。　（第一帖一五通、『真聖全』三、四二三頁、傍線筆者）

衆生に発起する信心とは「まことのこころ」、すなわち真実の信心である。それは衆生に発起する信心ではあっても、行者自身が起こす自力の信心ではない。「如来の他力のよきこころ」、本願力回向に賜る如来清浄の真心である。まさしく、「もしは因もしは果、一事として阿弥陀如来の清浄願心の回向成就したまえる所にあらざることあることなし。因浄なるが故に果また浄なり[4]」と述べられる所以である。

親鸞は「自力」と「他力」について、書簡のなかで端的に次のように説いている。

> 自力ともうすことは、行者のおのおの縁にしたがいて、余の仏号を称念し、余の善根を修行して、わが身をたのみ、わがはからいのこころをもって、身口意のみだれごころをつくろい、めでとうしなして浄土へ往生せんとおもうを自力ともうすなり。また他力ともうすことは、弥陀如来の御ちかいのなかに、選択摂取したまえる第十八の念仏往生の本願を信楽するを他力ともうすなり。如来の御ちかいなれば、他力には義なきを義とすと、聖人のおおせごとにてありき。

（『末燈鈔』『定親全』三、書簡篇、六三―六四頁）

自力とは、行者がおのおのの縁にしたがって修行することであり、どこまでも我が身、我が心をたのみとして行う行為である。それに対して他力とは、阿弥陀如来の清浄願心によって回向成就されていることを表している。ここに衆生の自力無効が徹底して知らされるのである。

## 第二節　他力には義なきを義とす

ところで、「行者のはからい」という言葉に注目して、親鸞の著作や書簡を管見すると、「他力には義なきを義とす」という法然の仰せとの関係のなかで述べられていることがわかる。数例を挙げれば次の通りである。

横はよこさまという、如来の願力なり、他力をもうすなり、超はこえてという、生死の大海をやすくよこさまにこえて無上大涅槃のさとりをひらく也。信心を浄土宗の正意としるべき也。このこころをえつれば、他力には義のなきをもって義とすと本師聖人のおおせごとなり。義というは行者のおのおののはからうこころなり。このゆえにおのおののはからうこころをもったるほどをば自力という也。よくよくこの自力のようをこころうべしとなり。

（『尊号真像銘文』『定親全』三、和文篇、一二〇頁、傍線筆者）

他力と申すことは、義なきを義とすと申すなり。義と申すことは、行者のおのおののはからう事を義とは申す也。如来の誓願は不可思議にましますゆえに、仏と仏との御はからいなり。凡夫のはからいにあらず。補処の弥勒菩薩をはじめとして、仏智の不思議をはからうべき人は候わず。しかれば、如来の誓願には義なきを義とすとは、大師聖人の仰せに候いき。

（『真蹟書簡』『定親全』三、書簡篇、二五—二六頁、傍線筆者）

弥陀の本願を信じそうらいぬるうえには、義なきを義とすとこそ大師聖人のおおせにてそうらえ。かように義のそうろうらんかぎりは、他力にはあらず、自力なりときこえてそうろう。また他力ともうすは、仏智不思議にそうろうなるときに、煩悩具足の凡夫の無上覚のさとりをえそうろうなることをば、仏と仏とのみ御はからいなり、さらに行者のはからいにあらずそうろう。しかれば義なきを義とすとそうろうなり。義ともうすことは自力のひとのはからいをもうすなり、他力にはしかれば義なきを義とすとそうろうなり。

（『親鸞聖人御消息集』『定親全』三、書簡篇、一五六頁、傍線筆者）

本章の冒頭で『末燈鈔』の文を引用して確認したように、「他力には義なきを義とす」の最初の「義」は、「行者のはからい」「自力」という意味である。現代の言葉でいえば、人間の知性や理知、思慮分別のことであろう。したがって「義なきを義とす」とは、「行者のおのおののはからうこころ」や「自力のひとのはからい」がないことをもって、本願他力の本義とする、という意味である。『歎異抄』第一〇条に「念仏には無義をもって義とす、不可称不可説不可思議のゆえに[5]」と語られるように、「不可称・不可説・不可思議」とは衆生のはからいを超絶していることを表す。親鸞は『一念多念文意』において、「不可称」に「ことばもおよばずとなり」、「不可説」に「ときつくすべからずとなり」と左訓を施している。[6] 人知による了解を一切否定するのである。

また『歎異抄』第八条には、次のように述べられている。

念仏は行者のために非行・非善なり。わがはからいにて行ずるにあらざれば非行という、わがはからいにてつくる善にもあらざれば非善という。ひとえに他力にして自力をはなれたるゆえに、行者のためには非行・非善なりと云々。

（『定親全』四、言行篇(1)、一一頁）

ここに、念仏とはわれわれ衆生が実践する行ではなく、また努力意識で積み上げる善根でもないことが明示されている。本来、念仏は「諸の善法を摂し、諸の徳本を具」[7] しているから、あらゆる功徳をそなえた「大行」「大善」のはずである。しかし、その念仏を自ら修していくところに、「わがはからい」が絶えずはたらいてくる。具体的にいえば、「わがみをたのみ、わがこころをたのむ、わがちからをはげみ、わがさまざまの善根をたのむ」[8] ありさまである。このように、どこまでも自力に執着する私たちに対して、「念仏は、称える者にとっては非行・非善である」と否定の言葉を重ねることによって、自力無効の事実を徹底して呼びかける。「ひとえに他力にして自力をはなれたる」とは、念仏はわれわれ凡夫が修する行ではなく、阿弥陀仏の本願のはたらきに恵まれる行であることを表している。まさに「凡夫回向の行にあらず、これ大悲回向の行なるが故に」[9] と示される通りである。

そして、その本願の名号に恵まれる信心も、非行・非善であり、不可称・不可説・不可思議である。『教行信証』「信巻」の自釈では次のように述べている。

おおよそ大信海を按ずれば、貴賤・緇素を簡ばず、男女・老少を謂わず、造罪の多少を問わず、修行の久近を論ぜず、行にあらず・善にあらず、頓にあらず・漸にあらず、定にあらず・散にあらず、正観にあらず・邪観にあらず、有念にあらず・無念にあらず、尋常にあらず・臨終にあらず、多念にあらず・一念にあらず、ただこれ不可思議・不可説・不可称の信楽なり。喩えば阿伽陀薬の能く一切の毒を滅するが如し。如来誓願の薬は能く智愚の毒を滅するなり。

（『定親全』一、一三二頁）

阿弥陀の本願力回向の信心とは、衆生の自力分別を超絶したものであるが、ここに「阿伽陀薬の能く一切の毒を滅するが如し。如来誓願の薬は能く智愚の毒を滅するなり」と示されている点に注目したい。「阿伽陀薬」とは、『不空羂索神変真言経』の「阿伽陀薬品」に、あらゆる病気を治して健康や不死をもたらす霊薬として説かれている。いま親鸞は、その阿伽陀薬を譬喩として提示しながら、「如来誓願の薬」すなわち阿弥陀の本願が、「智愚の毒」つまり衆生の分別心を摧破することを述べている。この文によって、われわれ人間の理性や知恵は雑修雑善でしかなく、自己の救いの根拠となり得ないことが徹底して知らされるのである。

## 第三節　雑行を棄てて本願に帰す

ここまで親鸞の言葉を中心に、「行者のはからい」とはいかなるありさまかを尋ねてきた。では、われわれ凡愚は「行者のはからい」、すなわち自力執心をすてることができるだろうか。そもそも、そのようなことが、われわれ自身に可能だろうか。この問いに対して、実はこれまでに引用した文に、その応答が示されていると思う。たとえば次の文である。

弥陀の本願を信じそうらいぬるうえには、義なきを義とす（中略）他力ともうすは、仏智不思議にそうろうなるときに、煩悩具足の凡夫の無上覚のさとりをえそうろうなることをば、仏と仏とのみ御はからいなり、（『親鸞聖人御消息集』）

この文は、阿弥陀の本願を信ずるところに、行者は自ずと自力迷妄の心から離れることができると説いている。それは人間のはからいに恵まれる証果ではなく、「仏と仏とのみ御はからい」、すなわち阿弥陀の本願において自然に成就する功徳である。

ところで、ここで注意すべきは、けっして逆の次第、すなわち「行者が自己のはからいをすてて、本願を信じる」という順序ではないということである。この内実について、『唯信鈔文意』には次のように端的に述べられている。

本願他力をたのみて自力をはなれたる、これを「唯信」という。（中略）唯信はこれこの他力の信心のほかに余のことならわずとなり、すなわち本弘誓願なるがゆえなればなり。（『定親全』三、和文篇、一五五―一五六頁、傍線筆者）

親鸞は『教行信証』の跋文において、「然るに愚禿釈の鸞、建仁辛酉の暦、雑行を棄てて本願に帰す(10)」と記して、自身の回心の内景を語った。しかし、「雑行を棄てて本願に帰す」といっても、その

「すてる」行為が、自己の理知や分別における取捨選択である限り、すなわち「行者のはからい」によって行われる限り、それはどこまでも「雑行をすてて、再び雑行に惑う」という迷妄ではないだろうか。「本願他力をたのみて自力をはなれたる、これを唯信という」という言葉が端的に教えるように、「雑行を棄てて本願に帰す」とは、「本願に帰するところにはじめて、雑行を雑行として棄てることができた」という信仰的自覚の言葉であろう。

思えば、親鸞の師である法然は『選択本願念仏集』において、

夫れ速に生死を離れんと欲わば、二種の勝法の中に、しばらく聖道門を閣きて、選びて浄土門に入れ。浄土門に入らんと欲わば、正・雑二行の中に、しばらく諸の雑行を抛ちて、選びて正行に帰すべし。正行を修せんと欲わば、正・助二業の中に、なお助業を傍にして、選びて正定を専にすべし。正定の業とは、即ちこれ仏の名を称するなり。称名は必ず生を得、仏の本願に依るが故に。

（『真聖全』一、九九〇頁、傍線筆者）

と述べている。称名念仏の行でなぜ阿弥陀の浄土に往生することができるのか、それは阿弥陀の本願によるからである。往生の根拠を、自分自身ではなく阿弥陀仏に見出している。また、法然が「偏依善導一師」(11)と仰いだ善導も、

一心に弥陀の名号を専念して、行住坐臥、時節の久近を問わず、念念に捨てざるをば、これを正定の業と名づく。かの仏願に順ずるが故に。

（『観経疏』「散善義」『真聖全』一、五三八頁、傍線筆者）

と論じて、阿弥陀の本願に随順するがゆえに念仏が正定業であると決定している。両者に共通するのは、救済の根拠を衆生ではなく仏の本願に置いている点である。自力無効の自覚は、本願との値遇によって開かれる仏智見である。したがって、阿弥陀の本願に乗託するところに、自然に「行者のはからい」が照破されるのである。

## おわりに

親鸞は「自然」について、『唯信鈔文意』において次のように述べる。

自はおのずからという、おのずからというは自然という、自然というはしからしむという、しからしむというは行者のはじめてともかくもはからわざるに、過去・今生・未来の一切のつみを転ず、転ずというは善とかえなすをいうなり。もとめざるに一切の功徳善根を仏のちかいを信ずる人にえしむるがゆえにしからしむという、はじめてはからわざれば自然というなり。誓願真実の信心をえたるひとは、摂取不捨の御ちかいにおさめとりてまもらせたまうによりて行人のはからいにあらず、金剛の信心をうるゆえに憶念自然なるなり、　（『定親全』三、和文篇、一五九頁）

「自然」とは行者のはからいが混じらないことであり、阿弥陀の本願を信ずるところに、行者が求めずとも一切の罪業が転ぜられ、無上の功徳善根がその身に成就すると示している。したがって、衆生における自力執心、すなわち「行者のはからい」を超克する道とは、本願の教えに徹底して自力無効の我が身を信知せしめられ、阿弥陀の本願を一心に信受するところに、自ずと開示される歩みであるといえる。本願に帰するところに、自然に雑行が棄てられるのであるが、その求道の歩みを「聞思」というのであろう。それは、人間の知見や埋性で自己の罪悪深重性に気づくことではない。それでは自性唯心に沈み、定散の自心に迷っていくだけである。

われらは他力の掌中にあることによって、すなわち阿弥陀の教えに照射されてはじめて、自己の本性を知らされ、阿弥陀の本願を聞信していく歩みを施与される。そこに、自ずと「行者のはからい」から離れて、本願の功徳を賜る生活がはじまるのである。

## 註

(1) 「行者のおのおのの自力の身」は、『親鸞聖人血脈文集』では「行者のおのおのの自力の信」(『定親全』三、書簡篇、六五頁、傍点筆者)と記されている。

(2) 『尊号真像銘文』『定親全』三、和文篇、七八―八〇頁、『一念多念文意』『定親全』三、和文篇、一三七―一三八頁、『親鸞聖人御消息集』『定親全』三、書簡篇、一三三頁などを参照。

(3) 親鸞はほかにも、たとえば『教行信証』「信巻」において、「至心と言うは、至は即ちこれ真なり、実なり、誠なり。心は即ちこれ種なり、実なり」(『定親全』一、一一五頁)と註釈している。

(4) 『教行信証』「証巻」『定親全』一、二〇一頁。

(5) 『定親全』四、言行篇(1)、一三頁。

(6)『定親全』三、和文篇、一三二頁参照。
(7)『教行信証』「行巻」『定親全』一、一七頁。
(8)『一念多念文意』『定親全』三、和文篇、一四二頁。
(9)『浄土文類聚鈔』『定親全』二、漢文篇、一三四頁。
(10)『教行信証』「後序」『定親全』一、三八一頁。
(11)『選択本願念仏集』『真聖全』一、九九〇頁。

第四章

# 真仮の分判――「化身土巻」の思想的意義

## はじめに

親鸞は『教行信証』において、われわれ衆生が立脚すべき浄土真実の教・行・信・証を、往相の回向について、真実の教行信証あり。（「教巻」『定親全』一、九頁）

と、往相回向の成就であると説示する。それに対して、真仏土と化身土は、

夫れ報を按ずれば、如来の願海に由って果成の土を酬報せり。故に報と曰うなり。しかるに願海について真あり仮あり。ここをもってまた仏土について真あり仮あり。（「真仏土巻」『定親全』一、二六五頁）

と、ともに如来の願海に酬報した仏土、すなわち報仏土であるという。そして、本願に真仮があるがゆえに仏土にも真仮があるとし、「真実報土」と「方便化土」、すなわち真仏土と化身土とを峻別して、

仏土に二重の構造があることを明らかにする。

親鸞は「酬報」の「酬」に左訓を「コタウ」[1]と施している。また『唯信鈔文意』において、「報身如来」の「報」について、「報ともうすはたねにむくいたるなり」[2]と註釈している。本願酬報の仏土とは、阿弥陀の願心に報い応えることによって成就した仏土、すなわち本願成就の報土である。ここに、真仏土と化身土は真仮として対比される関係にあることが明らかであるが、ともに「既にして(悲)願います」[3]と述べられている。このことから、真仏土と化身土は、われわれの歩みに先立って、すでに本願に応えられた仏土であることが知られる。

さて真仏土は、浄土真実の教行信証の所帰の仏土として開顕されると同時に、化身土を下《しも》に開き、仏土に真仮を分判する意義を有している。親鸞は「真仏土巻」の結釈において、真仮を対弁して次のように述べる。

> 仮の仏土とは、下にありて知るべし。すでにもって真仮みなこれ大悲の願海に酬報せり。故に知りぬ、報仏土なりということを。良に仮の仏土の業因千差なれば、土もまた千差なるべし。これを方便化身化土と名づく。真仮を知らざるに由って、如来広大の恩徳を迷失す。これに因って、いま真仏真土を顕す。これ乃ち真宗の正意なり。
>
> (『定親全』一、二六六頁)

ここに、真仏土も化身土も大悲の願海に酬報した仏土であること、真仏土に続いて明らかにする仮の仏土を「方便化身化土」と名づけること、仏土の真仮を知らないから如来の広大な恩徳を迷失すること、の三点が主として述べられている。

ここで注目すべきは、「真仮を知らざるに由って、如来広大の恩徳を迷失す」と「これに因って、いま真仏真土を顕す」の「よって」の文字を、「由」と「因」とに使い分けていることである。この差異に、親鸞がこの文にいかなる意味を託していたかを読み取れるのではないだろうか。

「由」は「経由」「理由」などの熟語として用いるように「経る、従う、わけ」を意味し、ある事柄から出る意を表す語[4]である。それに対して、「因」は「原因」「因果」などと用いるように「もと、おこり」を意味し、ある事柄の起源を指す語[5]である。いま、この意にしたがって解釈するならば、前文は「衆生が真仮を知らないから如来広大の恩徳を迷失する」という意味になる。そして後文は、前文を受けて、「衆生が真仮を知らないから如来広大の恩徳を迷失するということをなからしめんがために、いま真仏土を顕したのである」と読むことができよう。したがって、この結釈の眼目は、前文の「真仮を知らざるに由って、如来広大の恩徳を迷失す」にあり、ここに真仮分判の思想的意義を窺うことができる。

仏土における真仮の分判は、本願酬報の土における分判であり、真仏土も化身土も如来大悲の願心によって開顕された仏土である。したがって、もし仏土に真仮が分判される意図を深く信知しないならば、如来の大悲願心を迷失することになる。換言すれば、真仮分判の意図を深く了解するならば、それはそのまま「如来広大の恩徳」を信知することになる。つまり、仏土における真仮の差異を示すことによって、真宗の正意を開顕するのである。

そこで本章では、仏土に真仮を分判する必然性とその意義を考究したい。なぜなら、真仮の分判、特に化身土の開顕という思想的営為は、群萌における宗教的覚醒の内実と歴程を教示しているからである。

## 第一節　方便の意義

謹んで化身土を顕さば、仏は『無量寿仏観経』の説の如し、真身観仏これなり。土は『観経』の浄土これなり。また『菩薩処胎経』等の説の如し、即ち懈慢界これなり。また『大無量寿経』の説の如し、即ち疑城胎宮これなり。

（『定親全』一、二六九頁）

これは「化身土巻」冒頭の親鸞の自釈である。ここに化仏と化土が具体的に示されているが、いま注意すべきは、「仏は『無量寿仏観経』の説の如し、真身観（の）仏これなり」と、真身観の仏を化仏としている点である。善導は、真身観の仏を「真の報仏」であるというが[6]、親鸞は化身土を顕らかにするにあたって、これを化仏というのである。

『観経』所説の真身観の仏は、定善の第九観の仏であるが、これは定観の行者が観る仏身である。定散二善について、親鸞は善導の文によりながら、

しかるに常没の凡愚、定心修しがたし、息慮凝心の故に。散心行じがたし、廃悪修善の故に。ここをもって立相住心なお成じがたきが故に、たとい千年寿を尽くすとも法眼いまだかつて開けずと言えり。

（「化身土巻」『定親全』一、二八九頁）

と述べる。「息慮凝」の左訓に、それぞれ「ヤメテ」「オモンハカリ」「コラス」と付されていることからも、[7] 定観とは衆生の自力の観察を通して仏の世界を観ることである。したがって真身観の仏は、如来の本願力に乗託して感得する仏身に対しては、やはり方便の化身というべきである。そして仏身も、「無量寿仏の身は百千万億の夜摩天の閻浮檀金色の如し。仏身の高さ、六十万億那由他恒河沙由旬なり[8]」と説かれ、その身量に分限があることも、有限な仏であることを表している。衆生が認識できるように相対的・具体的に示された仏土は方便化身土である。

さて、真身観の仏は『観経』において、

> 仏身を観ずるをもっての故に、また仏心を見る。仏心とは大慈悲これなり。無縁の慈をもって諸の衆生を摂す。（『真聖全』一、五七頁）

と教示されている。真身観の仏身を観察することは、衆生にはたらく仏の無縁の大慈悲心を感得することでもある。したがって、ここに説かれる仏とは、救済を求める衆生の願望に応えるために出現した応化の仏身である。すでに「真仏土巻」で、「良に仮の仏土の業因千差なれば、土もまた千差なるべし」と述べていたが、種々の化身・種々の化土は、相対有限の世界に生きつつ救済を要求する衆生の現実に即応する仏の大慈悲の相である。ここに親鸞は、愛欲と名利に沈迷するわれら衆生に対する仏の大悲を感得したのである。

親鸞は、仮の仏土を「方便化身土」と名づけたが、ここに親鸞の化身土観を明確に窺うことができる。すなわち、化身土とは方便の意義を持つ仏土である。方便とは、「近づく、到達するの意」であり、「たくみにはかりごとを設けて目標に近づくこと、向上し進展するための手段としての行」である。[9]いまこの意味にしたがって、あらためて定義するならば、「方便」とは真実に近づき到達する意味であり、真実とは厳密に判別されなければならない。しかし同時に、真実への方向性を持つものであり、真実を明らかにするために必要不可欠な具体的方途であるといえよう。

親鸞真蹟の坂東本を確かめると、親鸞は「化身土巻」を顕す際に、当初は題号を「顕化身土文類六」と記していたが、その右に「浄土方便」の語を加筆して「顕浄土方便化身土文類六」と改めている。[10]つまり化身土は、ただ単に廃捨されるべき仮土ではなく、浄土の方便という意味を持つ仏土である。したがって方便とは、衆生の万差の機に相応しながら仏意を開顕することであり、大悲無窮の善巧摂化を表している。それは真実と区別される単なる方便ではなく、真実に根拠を持ちつつ真実に至らしめる方向性とはたらきを持つ方便である。

また親鸞は、方便化身土を顕すにあたり、「仮」を用いずに「化」によるとした。「仮」は、「本当でないこと、かり、間に合わせ、にせ、いつわり」という意味の言葉である。[11]それに対して「化」は、「形や性質がかわること、かえること」、また「おしえみちびく、みちびき」という意味である。[12]これによって化身土とは、われわれ衆生の想念（その内実は妄念・妄想）に応じつつ、それを摧破し超越せしめる意義を持つ仏土であることが窺われる。ここに応化という意味があり、また衆生の教化という意義がある。親鸞は、このことを説示する釈尊と阿弥陀の悲願について、次のように述べる。

ここをもって釈迦牟尼仏、福徳蔵を顕説して群生海を誘引し、阿弥陀如来、もと誓願を発して普く諸有海を化したまう。既にして悲願います。修諸功徳の願と名づく、また臨終現前の願と名づく、また現前導生の願と名づく、また来迎引接の願と名づく。また至心発願の願と名づくべきなり。

(「化身土巻」『定親全』一、二六九―二七〇頁、傍点筆者)

しかれば則ち釈迦牟尼仏は、功徳蔵を開演して、十方濁世を勧化したまう。阿弥陀如来は、もと果遂の誓いを発して、諸有の群生海を悲引したまえり。既にして悲願います。植諸徳本の願と名づく、また係念定生の願と名づく、また不果遂者の願と名づく。また至心回向の願と名づくべきなり。

(「化身土巻」『定親全』一、二九五頁、傍点筆者)

ここに「誘引」「普化」、「勧化」「悲引」という言葉によって、方便化身土の意義が明らかにされている。濁世に生きるわれわれは、釈迦牟尼仏の教説に導かれて、はじめて阿弥陀如来の本願に値遇することができる。すなわち「釈迦より弥陀へ」の順序である。ところが、たとえば「教巻」では、『大経』の大意について、

夫れ真実の教を顕さば、則ち『大無量寿経』これなり。この経の大意は、弥陀、誓いを超発して、広く法蔵を開きて、凡小を哀れみて、選びて功徳の宝を施することをいたす。釈迦、世に出興して、道教を光闡して、群萌を拯い、恵むに真実の利をもってせんと欲してなり。

(『定親全』一、九頁)

と、まず「弥陀、誓いを超発して」といい、次いで「釈迦、世に出興して」と述べる。また「信巻」の「別序」でも、

夫れ以みれば、信楽を獲得することは如来選択の願心より発起す、真心を開闡することは大聖矜哀の善巧より顕彰せり。（『定親全』一、九五頁）

と記している。このように、「教巻」「信巻」ともに「阿弥陀の本願より釈迦の教説へ」という順序で説かれているが、両巻が「真実の巻」であることを思えば、「化身土巻」の順序との相違は、「方便」の性格を端的に表しているといえよう。われわれ人間の現実相に即して論ずるならば、衆生は釈迦の誘引・勧化を通して、はじめて阿弥陀仏の本願を信知することができるのである。

## 第二節　非対応の対応

「化身土巻」は、仏土の巻としては「真仏土巻」と対比の関係にあり、また「顕浄土方便化身土文類六」という題号が示すように、化身土について顕らかにするという主題を持つ。しかしながら、「化身土巻」の標挙の文、そして化身土を開顕・成就する本願文には、仏土あるいは化身土という意味を見出すことはできない。

「化身土巻」の標挙の文、そしてそれぞれ対応する標挙の文を列挙すると、次の通りである。

無量寿仏観経の意

至心発願の願　邪定聚機

双樹林下往生

阿弥陀経の意なり
至心回向の願　不定聚機
難思往生
（『定親全』一、二六八頁）

1. 信心

第十九・至心発願の願―「信は即ちこれ至心発願欲生の心なり」[13]（「化身土巻」）
第二十・至心回向の願―「信は即ち至心回向欲生の心これなり」[14]（「化身土巻」）
第十八・至心信楽の願[15]（「信巻」）

2. 経

無量寿仏観経の意
阿弥陀経の意なり
大無量寿経[16]（「総序」に続き）

3. 機

邪定聚機
不定聚機
正定聚の機[17]（「信巻」）

4. 往生

双樹林下往生

難思往生

難思議往生(18)(「証巻」)

ここに明らかなように、標挙の文からみれば、「化身土巻」は「信巻」もしくは「証巻」と対応していることがわかる。第十九・至心発願の願と第二十・至心回向の願は、第十八・至心信楽の願を根本として、衆生の信心や往生の内実について誓う願である。第十八願、第十九願、第二十願を列挙すると次の通りである。

たとい我、仏を得んに、十方の衆生、心を至し信楽して我が国に生まれんと欲いて、乃至十念せん。もし生まれずば、正覚を取らじ。ただ五逆と誹謗正法を除く。(第十八願)

たとい我、仏を得んに、十方の衆生、菩提心を発し、諸の功徳を修し、心を至し発願して、我が国に生まれんと欲わん。寿終の時に臨みて、たとい大衆と囲繞してその人の前に現ぜずば、正覚を取らじ。(第十九願)

たとい我、仏を得んに、十方の衆生、我が名号を聞きて、念を我が国に係けて、諸の徳本を植えて、心を至し回向して我が国に生まれんと欲わん。果遂せずば、正覚を取らじ。(第二十願)

(『真聖全』一、九—一〇頁)

ところが親鸞は、第十九願と第二十願の二願をもって仏土を顕す願、すなわち「化身土巻」の願と決定した。ここに親鸞独自の仏土観を窺うことができるが、ではなぜ「化身土巻」を、真実の信心を明らかにする「信巻」や、真実の往生を明らかにする「証巻」と直接的には対応させず、仏土の巻として「真仏土巻」と対比する形で説くのであろうか。これについて、曽我量深の講説に次のような示唆がある。

真実報土と方便化土というものは、全体どういう関係を有っているであろうか。吾々が信仰に依って救いを求め浄土を求めているが、吾々が救いを求め、浄土を求めて得られるように思っているその世界が即ち方便化土であります。兎に角、吾々が求むれど得られない、けれども吾々が常に求めているところの世界が即ち方便化土であります。しかし求めずして得るところの世界が即ち真実報土であると思います。求めて得られないところの浄土よりも、ほとんど比較にならぬ程清浄なる世界を求めずして得る、求めずして而も既に得たり、こういう世界が真実報土である。

(『本願の仏地』『選集』五、二九五―二九六頁)

曽我は、方便化土とは、われわれ衆生が求めるが得られない、しかし常に求めている世界であり、真実報土は、求めずしてしかもすでに得たりという世界であるという。真仏土は、如来が如来自身を、一切苦悩の衆生を摂取して捨てることのない仏土として成就した世界である。衆生にとっては如来の願力自然により開示される世界である。それに対して化身土は、自我の主観的な要求の表れとしての如来であり浄土であって、現実には実現しない方便化土であることを、真仏土と対比することによって教示するのである。

この真仏土と化身土の関係について、今村仁司が示唆に富む見解を次のように述べている。

なによりもまず、『教行信証』には二つの語りかたがあることに気づく。「教」巻から「真仏土」

巻まで、親鸞は基本的に阿弥陀と接触できた自己を主語として語る。この場合、阿弥陀と自己は同体であるから、この語りは阿弥陀を主語として語るといってもよい。この語りは、すでに覚醒した我の語りである。覚醒はすでに成就されているのだから、この境地では世俗内時間は流れない。この境地は無時間的であり、したがって永遠である。ここで語る阿弥陀は無限的永遠的である、あるいはそのなかに摂取されている自己は無限的永遠的である。そうであるなら、第一章から第五章までの語りは、覚醒した自己が自分自身の内的経験の諸要素を、時間的序列ではなく、構造構成的連関のなかにある諸要素として語ることになる（この場合、第五章「真仏土」巻は第四章「証」巻と一対になっているとみなす）。（『無限洞』第四号、九七―九八頁）

今村は、そもそも『教行信証』には二つの語り方が併存しており、「教巻」から「真仏土巻」までは、阿弥陀仏、あるいはその阿弥陀仏と接触し覚醒し得た自己を主語として語っているという。したがって、その覚醒の内容は、時間的順序ではなく構造的・構成的連関のなかで明らかにされる。

さらに「化身土巻」について言及する。

ところが、第六章「化身土」巻は、タイトルが示唆するように、阿弥陀の化身が活動する現実世界であり、そのなかで生きる個人が自己を語る。この語りの仕方は、世俗内で生きる自我の語りであり、われわれの現実の生活と密着している。この自我はまだ覚醒していないのだから、阿弥陀との接触はない。この自我は無限阿弥陀に出会う以前の、しかしすでにひそかに阿弥陀無限へと方向づけられている自我である。世俗内自我についての語りは、すでに覚醒した自己の語りとは全く違う。したがって、親鸞の『教行信証』のなかには、二つの語りかたが併存しているのである。二つの我、あるいは二つの語りは、レベルを異にするのだから、同列におくわけにはいかない。

（『無限洞』第四号、九八頁）

「真仏土巻」までの記述に対して、「化身土巻」は、まだ覚醒していない自己が、世俗内で生きる自分自身について述べるのであるから、われわれの現実に即して語ることになる。世俗内で生きる自我を語る場合と、すでに覚醒した自己を語る場合とでは、その語り方は明確に異なる。それゆえに、「真仏土巻」と「化身土巻」は、二つの異なる語り方によって記されているのである。今村は「化身土巻」を、「有限な人間の境地から無限内存在へと至る、自己の覚醒過程を論証した部門」とも述べている。(19)

したがって、真仏土と化身土がまったく異なる世界であることを具体的に示すのは、真仏土が仏自身の完成を誓う第十二願・第十三願によって成就しているのに対して、化身土は、第十八願と対応して衆生の信心の内景を明らかにする第十九願・第二十願によって成就している点である。真仏土は選択本願の正因によって成就される真実報土である。それに対して、化身土は自己の信心の不純粋性に反省が求められる方便化土であることが明確に知らされるのである。

このように、「化身土巻」は仏土の巻として、「真仏土巻」と対比して説かれてはいるが、その内実は「真仏土巻」と対応していない。このいわば〈非対応の対応〉によって、真仏土は化身土を批判し、その虚仮不実性を照破する。そして化身土は、真仏土を鏡として自己の現実相を深く自覚せしめられる。ここに、親鸞が仏土を開顕・分判するに際して、真仏土には如来自身（法）に関する願を、化身土には救済される衆生（機）に関する願を、その標挙として掲げた意義がある。

## 第三節　如来における欲生心の展開

ところで、第十八願・第十九願・第二十願を窺うと、第十八願には「至心信楽欲生」、第十九願には「至心発願欲生」、第二十願には「至心回向欲生」と誓われ、「至心」と「欲生」が三願に共通していることに注意せしめられる。「至心」とは真実心であるが、「欲生」は三心の字訓釈によれば、如来の「大悲回向の心[20]」であり、仏意釈では「如来、諸有の群生を招喚したまうの勅命[21]」である。

親鸞は「行巻」で、「南無阿弥陀仏」の名義を解釈して、まず「南無の言は帰命なり[22]」と示し、字訓釈を受けて、「ここをもって帰命は本願招喚の勅命なり[23]」と独自の了解を述べる。この名号釈で「南無・帰命は本願招喚の勅命である」というのに対して、「信巻」の欲生釈では、より積極的に「如来が諸有の群生を招喚したもう勅命である」と述べている。そして、「十方衆生よ」との招喚は三度行われる。したがって、これら三願は如来の悲心招喚の歩みであり、如来の欲生心の展開であると了解できよう。

親鸞は、師法然との出遇いを通して本願に帰したのであるが、その値遇は『歎異抄』第二条に次のように記されている。

親鸞におきては、ただ念仏して弥陀にたすけられまいらすべしと、よきひとのおおせをかぶりて信ずるほかに、別の子細なきなり。

（『定親全』四、言行篇(1)、五頁）

この「ただ念仏して」の信念は、「いずれの行もおよびがたき身なれば、とても地獄は一定すみかぞかし[24]」との自覚によるが、これは自力無効の自覚の表白である。ここに親鸞は、雑行を棄てて阿弥陀の本願に生きる者に転成した。『恵信尼消息』はその求道の歩み、すなわち宗教的信念の獲得の経緯を次のように伝えている。

やまをいでて、六かくどうに百日こもらせ給て、ごせをいのらせ給けるに、九十五日のあか月、しょうとくたいしのもんをむすびて、じげんにあずからせ給て候ければ、やがてそのあか月いでさせ給て、ごせのたすからんずるえんにあいまいらせんとたずねまいらせて、ほうねん上人にあいまいらせて、又六かくどうに百日こもらせ給て候けるように、又百か日、ふるにもてるにもいかなるだい事にもまいりてありしに、ただごせの事はよき人にもあしきにも、おなじようにしょうじいずべきみちをば、ただ一すじにおおせられ候しを、うけ給わりさだめて候しかば、

（『定親全』三、書簡篇、一八七―一八八頁）

ここに、親鸞が比叡山での二〇年にわたる自力聖道の行に破れ、比叡山を下り、六角堂の参籠を経て、やがて吉水入室に至る経緯が記されている。親鸞が真剣に厳しく求めたものは、「後世の助からんずる縁」であり「生死出ずべき道」であったが、その宗教的要求は、実は親鸞をして往生浄土の道を歩ましめる如来の大悲招喚のはたらきであった。

親鸞は、念仏往生の真意を測りかねて惑う関東の門弟の不審に対して、書簡において次のように述べる。前章でも引用したが、再度確認したい。

凡夫はもとより煩悩具足したるゆえにわるきものとおもうべし。またわがこころよければ往生すべし、とおもうべからず、自力の御はからいにては真実の報土へ生ずべからざるなり。行者のおのおの自力の身にては、懈慢・辺地の往生、胎生・疑城の浄土までぞ、往生せらるることにてあるべきとぞうけたまわりたりし。（『末燈鈔』『定親全』三、書簡篇、六四—六五頁）

われわれ衆生はもとより煩悩具足の凡夫である。したがって、我が身をたのみ、我が心をたのむ自力のはからいによって、諸々の善行を修め仏の名号を称念する行者は、懈慢・辺地・胎宮・疑城に生まれることになる。ここに、本願他力の救済を疑って信じることのない、衆生の仏智疑惑の罪過が厳しく問われている。

しかしながら親鸞によれば、如来大悲の恩徳は、本願の念仏を正信する衆生の救済にのみとどまるものではない。それは先の書簡の追伸の文に明確に示されている。

仏恩のふかきことは、懈慢・辺地に往生し、疑城・胎宮に往生するだにも、弥陀の御ちかいのなかに、第十九・第二十の願の御あわれみにてこそ、不可思議のたのしみにあうことにてそうらえ。仏恩のふかきこと、そのきわもなし。いかにいわんや、真実の報土へ往生して大涅槃のさとりをひらかんこと、仏恩よくよく御案どもそうろうべし。（『末燈鈔』『定親全』三、書簡篇、六七—六八頁）

自力執心の行者は方便化土に往生するが、第十九願・第二十願の誘引・悲引によって、不可思議の真実報土へ往生することができる。このように親鸞は、仏土に真仏土と化身土の二つの世界を見出し、真実報土としての真仏土の下に大悲方便の化身土を顕彰して、その方便化土に往生する衆生の信の内景を明らかにしている。

親鸞は『浄土和讃』において、方便化身の浄土を讃えて次のように詠っている。

七宝講堂道場樹　方便化身の浄土なり
十方来生きわもなし　講堂道場礼すべし
（『定親全』二、和讃篇、二四頁）

ここで注目すべきは、最初の「講堂」の語にそれぞれ「ならう」「いえ」と左訓を施している点である。[25] 化身土は「自己をならう家」である。どこまでも自力のはからいに固執する人間の不純粋性を教化して、利他真実の信海に帰入せしめようとする本願酬報の仏土である。ここに、衆生の願生心を批判・純化して、選択の本願海に転入せしめる「化身土巻」の思想課題を窺うことができる。

## 第四節　「本巻」「末巻」を貫く課題

「化身土巻」は、いわゆる「三願転入の文」以降、聖道・浄土の二門の真偽を決判する自釈と『大智度論』の引文を経て、「しかれば末代の道俗、善く四依を知りて法を修すべきなりと」[26]という自釈によって一度結ばれる。ここにおいて親鸞は、「聖道の諸教は、在世正法のためにして、まったく像末・法滅の時機にあらず。すでに時を失し機に乖ける」[27]のであり、「浄土真宗は、在世・正法・像末・法滅、濁悪の群萌、斉しく悲引したまう」[28]ことを、「教」「時」「機」の語を基軸として明らかにしている。

そして、坂東本ではここで行を改めて[29]、先の「教」「時」「機」という課題を受けつつ、新たに「教誡」という問題を取り上げる。

しかるに正真の教意に拠って、古徳の伝説を披く。聖道・浄土の真仮を顕開して、邪偽・異執の外教を教誡す。如来涅槃の時代を勘決して、正像末法の旨際を開示す。

(「化身土巻」『定親全』一、三一一頁)

ここに二つの課題が示されている。一つは、聖道門と浄土門の真仮を顕開することを通して、邪偽・異執の外教を教誡すること。もう一つは、釈尊入滅後の時代を勘考することを通して、正法・像法・末法の三時を明らかにすることである。このような課題が、これ以降『末法灯明記』の引用に至るまで推究されていく。

また、この自釈と対応して述べられるのが、いわゆる「末巻」冒頭の、

夫れ諸の修多羅に拠って真偽を勘決して、外教・邪偽の異執を教誡せば、

(『定親全』一、三二七頁)

という自釈である。仏説を根拠として真・偽を決判することを通して、外教・邪偽の異執を教誡する。「末巻」はこのような課題のもと、「後序」直前の『論語』の文まで展開されていく。このように「化

身土巻」の後半箇所において、二つの教誡が論じられている。

ところで、「化身土巻」がいわゆる「本巻」と「末巻」の本末二巻に分冊されているのは、親鸞真蹟の坂東本のみであり、門弟の書写本とされる専修寺本と西本願寺本では、ともに一冊に纏められていて分冊されていない[30]。また、坂東本の「末巻」の内題は「顕浄土方便化身土文類六[31]」と記してあり、「末」の字は見られない。「本巻」についても、外題にのみ「顕浄土方便化身土文類六本[32]」と、「本」の字を認めるのみである。さらに「本巻」の巻末には、『教行信証』の他の巻とは異なり尾題を記しておらず[33]、また「末巻」も他の巻とは異なり、外題と標挙の文がない[34]。先学は、「化身土巻」が二巻に分冊された理由について、次のように述べる。

> 内容から考えれば、ここで巻を分けねばならぬほどの意味はないようであるから、真蹟本はその執筆の年時の前後、或は分量、体裁等の関係から、一応二冊に分けられたものと推考される。
>
> （名畑應順『教行信證化身土巻講案』一一二頁）

> 化身土巻が分巻を余儀なくされたのは、親鸞が坂東本を書写したのちに、大集経などの要文を自筆で書き抜いた巻子本の長文を、一部巻子本のまま、一部は切り離して坂東本に袋綴として綴じ込んだためである。
>
> （赤松俊秀『親鸞聖人真蹟集成』二「解説」、六八六頁）

ここに、教学的観点と書誌学的観点から、「化身土巻」の分冊はその内容や課題によるものではなく、あくまで分量や体裁などの物理的問題によることが示されている。

したがって、教誡という問題が「本巻」後半から「末巻」に至るまで論じられていることからも、

「本巻」と「末巻」は思想的・課題的に連続する関係にあると考えられる。「末巻」もまた「顕浄土方便化身土」という題号のもと、「無量寿仏観経の意　至心発願の願　邪定聚機　双樹林下往生」「阿弥陀経の意なり　至心回向の願　不定聚機　難思往生」という標挙を主題として展開していると理解すべきであろう。[35]外教・異執の教誡は、単なる批判や廃捨を意味するのではない。「誡」の左訓に「イマシム」[36]と施しているように、穢悪・濁世の群生を誡め諭すことを通して、一切の衆生を漏れることなく真実へ誘引するという視座、すなわち方便の積極的意義を見過ごしてはならない。[37]

## 第五節　二つの「教誡」

親鸞が第一の教誡で提起するのは、時と衆生の機という問題である。親鸞は、道綽の『安楽集』の文によりながら、機と教と時とが相応しないならば、仏道を修することは難行道にほかならないという。[38]そして、『安楽集』所引の『大集月蔵経』によって、釈尊入滅後の時代区分を確認したのちに、同じく『安楽集』の文を引用して次のように結んでいる。

『大集経』に云わく、我が末法の時の中の億億の衆生、行を起こし道を修せんに、いまだ一人も得る者あらじと。当今、末法にしてこれ五濁悪世なり。ただ浄土の一門ありて通入すべき路なりと。

（「化身土巻」『定親全』一、三一三頁）

まず、当今は末法の世であり五濁悪世であることを確認する。そして、この末法の世において起行修道する聖道門の教えでは、仏果を得た者が一人もいないことを明らかにして、唯一、浄土門こそが末法の衆生が通入すべき道であると述べる。ここで親鸞は、当今が末法であることの意味を、悲観的現実としてではなく主体的信仰の上に受けとめていく。つまり、衰退史観的な仏教史観に立脚するのではなく、末法こそ阿弥陀の本願の教えが開闡される時機であると了解する。

像末五濁の世となりて　釈迦の遺教かくれしむ
弥陀の悲願はひろまりて　念仏往生さかりなり

（『正像末和讃』『定親全』二、和讃篇、一六七頁）

末法五濁の世において、釈尊の遺法が滅していくことは、仏弟子にとって悲泣すべき事態である。しかし親鸞は、その遺教が滅することによって、浄土真宗の証道がいよいよ興隆すると述べる。そして、聖道の諸教は行証が久しく廃れ、浄土の真宗は在世・正法・像末・法滅にわたって、濁悪の群萌を斉しく悲引することを明証する。親鸞は以上の確認を通して、聖道門仏教が邪偽・異執の外教であることを教誡するのである。

次に、第二の教誡は、先に引用した親鸞の自釈からはじまるが、坂東本では次の一段をひとまとまりの文として記している。

夫れ諸の修多羅に拠って真偽を勘決して、外教・邪偽の異執を教誡せば、『涅槃経』に言わく、仏に帰依せば、終にまたその余の諸天神に帰依せざれと。略出『般舟三昧経』に言わく、優婆夷、この三昧を聞きて学ばんと欲わば、乃至　自ら仏に帰命し、法に帰命し、比丘僧に帰命せよ。

余道に事うることを得ざれ、天を拝することを得ざれ、鬼神を祠ることを得ざれ、吉良日を視ることを得ざれと。已上　また言わく、優婆夷、三昧を学ばんと欲わば、乃至　天を拝し神を祠祀することを得ざれと。略出

（「化身土巻」『定親全』一、三二七頁）

まず『涅槃経』の文で、仏に帰依する者は諸々の天神に帰依すべきではないことを述べる。そして『般舟三昧経』によって、その帰依すべきでない諸天神の内実を明らかにする。すなわち、余道に事えること、天を拝すること、鬼神を祠ること、吉良日を選ぶことである。これら四種の不帰依を通して、仏弟子が仏弟子たり得る根拠、つまり「仏に帰依するとはどういうことか」を明確にする。坂東本では、これら一連の引文のあとに改行していることから、[39]『般舟三昧経』までの文が「末巻」で主題となる問題を提起していると推察できる。[40]「末巻」は、仏説によって真・偽を決判することを通して、外教・邪偽に固執するわれわれのありさま、すなわち異執を教誡するのである。

親鸞は『一念多念文意』において、善導の『観念法門』の文を釈して次のように述べる。

「摂護不捨」ともうすは、摂はおさめとるという、護はところをへだてず、ときをわかず、ひとをきらわず、信心ある人をばひまなくまもりたまうとなり。まもるというは、異学・異見のともがらにやぶられず、別解・別行のものにさえられず、天魔波旬におかされず、悪鬼・悪神なやますことなしとなり。

（『定親全』三、和文篇、一三四―一三五頁）

無碍光如来に照護される真実信心の行者は、その信念を異学・異見の輩に破壊されることなく、別解・別行の者に邪魔されることもない。また、天魔や悪鬼・悪神に苦悩させられることもない。親鸞

は、この「異学」について、念仏の一念・多念を争論する者を「異学・別行のひと」と定義した上で、[41]次のように述べている。

異学というは、聖道・外道におもむきて、余行を修し、余仏を念ず、吉日良辰をえらび、占相祭祀をこのむものなり、これは外道なり、これらはひとえに自力をたのむものなり。

(『一念多念文意』『定親全』三、和文篇、一四一―一四二頁)

ここに、余行を修し余仏を念ずる者や、吉良日を選び占相祭祀を好む者は、自力をたのむ者であり外道であると明確に示している。親鸞によれば、聖道門もまた外道にほかならない。これは本願の第十九願に内包される衆生の問題であるといえる。

親鸞は「信巻」において、金剛の真心を獲得した者の利益、すなわち「現生十種の益」の第一に「冥衆護持の益[42]」を挙げている。また、「現世利益和讃」や門弟への書簡などで、天神地祇は真実信心の者に帰依・敬伏し、念仏の行者を常に護念・護持すると説いている。したがって親鸞は、神祇不拝を主張しつつも天神地祇そのものを否定しているわけではない。問題にしているのは、それらを崇拝し迷惑せしめられている人間の自力の執心である。

すでに親鸞は、「信巻」の「真仏弟子」について論じる箇所で、「真の言は偽に対し、仮に対するなり[43]」と述べて、「仮と言うは、即ちこれ聖道の諸機、浄土の定散の機[44]」であり、「偽と言うは、則ち六十二見、九十五種の邪道これなり[45]」と明らかにした。その「仮」「偽」の問題を主題的に論じるのが、「化身土巻」の二つの教誡である。[46]仮・偽の徹底的な批判を通して、われわれ衆生の虚仮不実の現実相を照出し、真実の信心へと帰入せしめていくのである。

## おわりに

親鸞における「化身土巻」開顕の課題は、方便化身化土を明らかにすることよりも、そのような仏土が開示されなければならない必然性を明らかにすることにあった。すなわち、われわれ衆生の仏智疑惑の罪として悲歎される信心の不純粋性を解明することにあった。それが、衆生の信を語る第十九・至心発願の願と第二十・至心回向の願を、「化身土巻」の標挙の文として掲げる意味である。

第十九願は、菩提心を発し、諸々の功徳を修することによって阿弥陀の浄土に生まれようとする十方衆生を、その命終のときに必ず救い取ることを誓う。第二十願は、本願の名号を称えることを己の善根として阿弥陀の浄土に生まれようとする十方衆生を、必ず救い遂げることを誓う。ここに示される衆生の信について、それぞれ次の親鸞の自釈と対比することによって、その問題が一層明確になるだろう。

しかれば夫れ楞厳の和尚の解義を按ずるに、念仏証摂門の中に、第十八の願は別願の中の別願なりと顕開したまえり。『観経』の定散諸機は極重悪人唯称弥陀と勧励したまえるなり。濁世の道俗、善く自ら己が能を思量せよとなり。知るべし。

（「化身土巻」『定親全』一、二七五—二七六頁）

これは、この直前に引用する源信の『往生要集』の文を受け、さらに念仏証拠門の文言によりながら論じる箇所である。ここで注目すべきは、『観経』に定散二善の諸機が説かれる真意は、実は極悪深重の衆生に対して、ただ阿弥陀仏の名を称せよと勧めている点にあると読み取っていることである。ここに、諸功徳を修することを往生の因にしようとする衆生の雑修雑心の問題が浮かび上がってくる。

また、第二十願における衆生の問題は、次の自釈によって明らかである。

おおよそ大小聖人・一切善人、本願の嘉号をもって己が善根とするが故に、信を生ずることあたわず、仏智を了らず。かの因を建立せることを了知することあたわざるが故に、報土に入ることなきなり。

（「化身土巻」『定親全』一、三〇九頁）

ここでは、如来回向の名号を自己の善根とするために、仏智を信知する心を生ずることなく、真実報土に往生できない衆生の専修雑心の問題を厳しく示している。まさに「教は頓にして根は漸機なり、行は専にして心は間雑す(47)」という衆生の信の不純粋性が照射されている。

化身土は、衆生の各別の業因に応じて千差万別の浄土として開顕されてきた。しかし、われわれ衆生が求める如来と浄土は、実は自己の主観的要求の無意識的な投影に過ぎない。ここに「化身土巻」は、衆生の迷妄に応答しつつ方便誘引して、信の内景に潜む自力執心を照破する。これによって、一切群萌が真実信心に目覚めていく歩み、すなわち宗教的覚醒へと至る道程とその内実を教示するのである。

註

(1) 「真仏土巻」『定親全』一、二六五頁。
(2) 『定親全』三、和文篇、一七一頁。
(3) 『定親全』一、二二七・二六九・二九五頁。
(4) 『新字源』六六九頁参照。
(5) 『新字源』二〇二頁参照。
(6) 「真の正報というは、即ち第九の真身観これなり」(『観経疏』「玄義分」『真聖全』一、四四五頁)。
(7) 『定親全』一、二八九頁参照。
(8) 『観経』『真聖全』一、五六―五七頁。
(9) 『仏教学辞典』四〇四頁参照。
(10) 『親鸞聖人真蹟集成』二(法藏館)四七三頁参照。
(11) 『新字源』四八頁参照。
(12) 『新字源』四一頁参照。
(13) 『定親全』一、二八七頁。
(14) 『定親全』一、二九二頁。
(15) 『定親全』一、九五頁。
(16) 『定親全』一、七頁。
(17) 『定親全』一、九五頁。
(18) 『定親全』一、一九四頁。
(19) 今村仁司『親鸞と学的精神』参照。

(20)「信巻」『定親全』一、一一六頁。
(21)「信巻」『定親全』一、一二七頁。
(22)「行巻」『定親全』一、四八頁。
(23)「行巻」『定親全』一、四八頁。
(24)『歎異抄』第二条、『定親全』四、言行篇(1)、六頁。
(25)『定親全』二、和讃篇、二四頁参照。
(26)「化身土巻」『定親全』一、三一一頁。
(27)「化身土巻」『定親全』一、三〇九―三一〇頁。
(28)「化身土巻」『定親全』一、三一〇頁。
(29)『親鸞聖人真蹟集成』二、五五三頁参照。親鸞自身（坂東本）の改行箇所に何らかの意味を見出す見方は、なお議論の余地は残るが、本章では「化身土巻」の課題を見通す一助として、考察の拠りどころとした。註(39)も同様の観点から提起した。
(30)「化身土巻」分冊の異同とその経緯については、重見一行『教行信證の研究　その成立過程の文献学的考察』に詳しい。また、その考察を整理したものに、藤場俊基『顕浄土方便化身土文類の研究――『弁正論』』(四―七頁)や鳥越正道『最終稿本　教行信証の復元研究』(一五八―一五九頁)などがある。
(31)『親鸞聖人真蹟集成』二、五八二頁。
(32)『親鸞聖人真蹟集成』二、四七一頁。なお、書誌学的研究において、この「本巻」外題が親鸞の真筆か異筆かという見解の相違が見られる。詳しくは、鳥越の前掲書一六〇頁を参照。
(33)『親鸞聖人真蹟集成』二、五七九頁参照。
(34)『親鸞聖人真蹟集成』二、五八一―五八二頁参照。

(35) 廣瀬杲は「「化身土巻」冒頭の標挙の文だけで、本末二巻の最後までを総括的に読み取ることができるだろうか。この標挙の文だけで見えてくるのは「三願転入」までである。よほど「化身土巻」を一貫して読み切るような学びの訓練をしていない限り、「末巻」就中「後序」の最後まで、この標挙の文で最初に十分に表示したと了解することは、それほどたやすくないのではないか」(『序説　浄土真宗の教学〔続〕』四一頁、取意)と問題提起している。

(36) 「化身土巻」『定親全』一、三一一頁。

(37) 「化身土巻」における二つの教誡の意義を、法然の浄土宗独立に対する聖道門仏教の弾圧、『興福寺奏状』の論難に応答するためと見る了解がある。たとえば、廣瀬の前掲書や安藤文雄「『教行信証』における「教誡」の意味」(『親鸞教学』第五五号)、藤場の前掲書などである。二つの教誡を受けて「後序」へと結ばれていく展開からみれば、これらの見解に示唆を受けるが、本章では「教誡」という課題が、浄土方便の巻である「化身土巻」で論じられている点に注目する。

(38) 「化身土巻」『定親全』一、三一一—三一二頁参照。

(39) 『親鸞聖人真蹟集成』二、五八二—五八三頁参照。

(40) 第二の教誡の主題と展開については、廣瀬の前掲書に示唆を受けた。

(41) 『一念多念文意』『定親全』三、和文篇、一四一頁参照。

(42) 『定親全』一、一三八頁。

(43) 『定親全』一、一四四頁。

(44) 『定親全』一、一五二頁。

(45) 『定親全』一、一五三頁。

(46) 二つの教誡について、本章では問題の所在を論じたが、今後は親鸞が引用した文について詳細に考究する必要がある。これについては今後の課題としたい。
(47)「化身土巻」『定親全』一、二九五頁。

第五章

# 親鸞晩年の思想課題――「消息」を手がかりとして

## はじめに

本章では、親鸞が関東での教化活動を終え、京都へ帰ったのち、東国に残した門弟宛に送った「消息」（書簡）を手がかりとして、晩年の親鸞がいかなる信仰問題に直面していたか、またどのような思想課題を一貫して有していたか、ということについて推究したい。

書簡とは一般的に、具体的な送り手を念頭に置いて、現実の個別的諸問題に応答する形で書き記すものである。親鸞の消息もまた、その多くが関東の門弟からの質問や疑問に対して返答したものである。この限りにおいて、消息に確認できる親鸞の教えや思想は、門侶の求めに応じて述べたものである。したがって、親鸞の思想課題を尋ねる場合、たとえば和讃や仮名聖教など、親鸞自身が晩年に記した著作などに直接確かめることが大切であろう。

しかし、消息に披瀝される親鸞の教示は、主に東国で惹起している問題、就中、信仰上の問題に、親鸞がいかに直面していたか、あるいはどのように心を悩ましていたかを、ただ表しているだけではない。消息による教化は、具体的な出来事や諸問題を機縁としながらも、浄土真宗の根本思想である阿弥陀の本願念仏の教えを、関東の門侶にあらためて伝道しようと志した親鸞の宗教的・思想的営為である。ここに親鸞の消息を推究する意義がある。そこで本章では、親鸞がしたためた消息の内実を考察することを通して、晩年の親鸞がいかなる思想課題を有していたか、そして、どのような宗教的境地に立脚していたかについて考究したい。

## 第一節　親鸞の生涯と消息について

親鸞が書き記した消息の内容を尋ねる前に、まずは親鸞の生涯の歩みを簡単に確かめておきたい。親鸞は自らの生涯について多くを語っていない。そのため、親鸞の曾孫・覚如が残した『本願寺聖人伝絵』などによって形成された、一般的な親鸞伝に基づいて確認する。主な行実を挙げると次の通りである。

承安三（一一七三）年　京都、日野の地に誕生（一歳）
養和元（一一八一）年　慈円のもとで出家、比叡山に上る（九歳）
建仁元（一二〇一）年　比叡山を下りて六角堂参籠ののち、法然門下となる（二九歳）

承元元（一二〇七）年　専修念仏停止の院宣が下り、越後国に流罪となる（三五歳）
建暦元（一二一一）年　流罪の赦免を受ける（三九歳）
建保二（一二一四）年　上野国佐貫を経て常陸国に赴く（四二歳）
　　　　　　　　　　　これ以降、東国で布教活動を行う
元仁元（一二二四）年　この頃、『教行信証』を執筆（五二歳）
文暦元（一二三四）年　この頃、京都に帰る（六二歳）
建長八（一二五六）年　東国に送った息男・善鸞を義絶（八四歳）
弘長二（一二六二）年　示寂（九〇歳）

親鸞は六二、三歳の頃、関東での二〇年にわたる教化活動を終えて帰洛している。これ以降、示寂するまでの約三〇年を、親鸞の「晩年」期と了解して、この間に東国の門弟に送付した消息を中心に考察を進めたい。

さて、帰洛後の親鸞が送付したとされる消息は現在、全部で四三通伝えられている。(1) 差し出した年時がわかるものとして、もっとも早いのは建長三（一二五一）年、親鸞七九歳のものであり、もっとも遅いのは文応元（一二六〇）年、八八歳のときのものである。これら四三通のうち、親鸞の真蹟（真筆）は全部で一一通あり、残りは門弟によって書写・伝持されてきたものである。内容によって大別すると、次の四種類に分類することができる。

①　有念無念・一念多念の諍論に端を発する「造悪無碍」の邪義に関して

②　息男・慈信房善鸞による異義の主張と、その義絶について
③「如来等同思想」について
④　その他、門弟の質疑に対する返信

これらの消息によれば、親鸞帰洛後の関東を中心として、親鸞の教えを直接あるいは間接に聞いた門弟たちの間で、教義上の諍論が惹起する。その多くは往生了解の違いに端を発する異義であり、代表的な異義が「造悪無碍」の邪義であった。この邪義は、「阿弥陀の本願はどのような造悪疑謗の者をも簡び捨てることはない。だから、いかなる罪悪も往生の障りとはならず、むしろ積極的に悪事を行うことを勧める」ものである。親鸞はこれを誡めるべく、数多くの消息をしたためている。

しかし、この問題は在地の神祇や権力者をも巻き込みながら社会問題となり、自らの代わりとして息男・慈信房善鸞を東国へ下向させることになった。東国へ下った善鸞は、当初、事態の収拾に精力的に取り組んだと思われる。しかしその甲斐なく、やがては自ら進んで、親鸞の教えとは異なる秘事を唱えるまでになった。そしてついに、親鸞が善鸞を義絶するという痛ましい事件にまで発展することになる。(2) したがって、親鸞が関東で惹起している現実の諸問題に即応しつつ、いかなる教えを門弟に説示したかということを、これらの消息を通して窺うことができる。

ところで、親鸞の消息を手がかりとして、その思想内容を推究していく場合、注意すべき点がある。それは、親鸞の消息として現在伝えられているものの多くが、親鸞の真筆として残っていないという点である。本章の「はじめに」でも述べたように、親鸞の消息は本来、具体的な送り先を念頭に置き

つつ、現実の諸問題に応答する形で、一通一通をそれぞれ個別に記したものである。これらの消息が、受け取った側の門弟たちによって纏められ、親鸞の消息「集」という形で収集・編集されて、いまに伝えられている。

しかし、このような営為によって、親鸞の真蹟が残っている消息と、それを書写したものとの間で、誤写や改変などが見受けられ、書写本（消息集）自体の信憑性について再検討が必要である、という指摘がなされている。(3) いま筆者は、この問題について詳細に検証するだけの研究成果を持ち合わせていない。他章では両者を区別することなく引用したが、本章では親鸞の真筆が残っている消息に限って推究することにする。

## 第二節　消息における親鸞の教示

親鸞の真蹟が残っている全一一通のうち、思想問題に関わる内容を伝える消息は、次の七通である。(4)

A. 建長七年一〇月三日「かさまの念仏者のうたがいとわれたる事」
B. 建長八年五月二八日、覚信房への返信
C. 一〇月六日、しのぶの御房への返信
D. 浄信房への返信
E. 一〇月二一日、浄信房への返信

F．一〇月二九日、慶信房からの手紙への加筆と返信

G．閏一〇月二九日、たかだの入道への返信

これらの消息のなかでもＤＥＦは、前節で分類し確認した、いわゆる「如来等同思想」について記しており、思想的・内容的に関連があると思われる。以下、これら三通の消息を概観しつつ、親鸞の教示を確かめたい。

D．浄信房への返信

如来の誓願を信ずる心のさだまる時と申すは、摂取不捨の利益にあずかるゆえに、不退の位にさだまると御こころえ候うべし。真実信心さだまると申すも、金剛信心のさだまると申すも、摂取不捨のゆえに申すなり。さればこそ、無上覚にいたるべき心のおこると申すなり。これを不退のくらいとも、正定聚のくらいにいるとも申し、等正覚にいたるとも申す也。このこころのさだまるを、十方諸仏のよろこびて、諸仏の御こころにひとしとほめたまうなり。このゆえに、まことの信心の人をば、諸仏とひとしと申すなり。又、補処の弥勒とおなじとも申す也。このよにて真実信心の人をまぼらせ給えばこそ、『阿弥陀経』には、十方恒沙の諸仏護念すとは申す事にて候え。安楽浄土へ往生してのちはまもりたまうと申すことにては候わず。娑婆世界いたるほど護念すと申す事也。信心まことなる人のこころを、十方恒沙の如来のほめたまえば、仏とひとしとは申す事也。

（『真蹟書簡』『定親全』三、書簡篇、二四―二五頁、傍線筆者）

この消息は、東国在住と思われる浄信房の質問に親鸞が返答したものである。浄信からの手紙には、『華厳経』に「聞此法歓喜　信心無疑者　速成無上道　与諸如来等（この教えを聞いて歓喜し、信じて疑いの心がなければ、速やかにこの上ないさとりを成就して、諸々の如来と等しくなる）」と説かれている。信心獲得の人は、この世にありながら如来と等しいと思うが、この道理について詳しく教えてほしい」と記されていた(5)。

これに対して親鸞は、「如来の摂取不捨の利益によって、われら衆生に無上覚に至るべき心がおこるのであり、これを不退の位とも、正定聚の位に入るとも、等正覚に至るともいう。このように信心が定まることを、諸仏と等しいといい、また補処の弥勒菩薩と同じというのである」と答えている。信心獲得した人を「諸仏や如来と等しい」、あるいは「弥勒菩薩と同じ」と教示する親鸞の仮名聖教は多く、先学はこの教えを通称して「如来等同思想」と了解してきた(6)。

さて、この消息で注目すべきは、傍線を付した箇所、「このよにて真実信心の人をまぼらせ給え」「安楽浄土へ往生してのちはまもりたまうと申すことにては候わず。娑婆世界いたるほど護念す」と返答している点である。十方諸仏は、真実信心の人を「この世」、すなわちこの娑婆世界において護念する。ここに、信心獲得した者に恵まれる功徳の「現在性」を確かめることができる。親鸞は、煩悩具足の我が身に成就する現生の功徳として、諸仏と等しく弥勒と同じ位が施与されると了解していたのである。

E．一〇月二一日、浄信房への返信

まことの信心をえたる人は、すでに仏にならせ給うべき御みとなりておわしますゆえに、如来とひとしき人と『経』にとかれ候うなり。弥勒はいまだ仏になりたまわねども、このたびかならずかならず仏になりたまうべきによりて、みろくをばすでに弥勒仏と申し候うなり。その定に、真実信心をえたる人をば、如来とひとしとおおせられて候う也。又、承信房の弥勒とひとしと候うも、ひが事には候わねども、他力によりて信をえてよろこぶこころは、如来とひとしと候うを、自力なりと候う覧は、いますこし、承信房の御こころのそこのゆきつかぬようにきこえ候うなり。よくよく御あん候うべくや候う覧。自力のこころにて、わがみは如来とひとしと候うらんは、まことにあしう候うべく候う。他力の信心のゆえに浄信房のよろこばせ給い候うらんは、なにかは自力にて候うべき。よくよく御はからい候うべし。

（『真蹟書簡』『定親全』三、書簡篇、三〇―三一頁、傍線筆者）

この消息も先と同様、浄信房からの書簡に親鸞が返信したものである。ここでも、真実信心を得た人は如来と等しい人であり、必ず仏となるべき身であることが述べられている。

ここで大切なのは、傍線で示した「他力によりて信をえてよろこぶこころは、如来とひとしと候う」「自力のこころにて、わがみは如来とひとしと候うらんは、まことにあしう候うべく候う。他力の信心のゆえに」という箇所である。手紙の内容から窺うに、当時の関東において、「信心の人を「如来とひとし」といい切るのは自力の考え方であり、即身成仏を説く真言の教えに偏ったものである。もしいうのであれば、菩薩の位である「弥勒とひとし」と表現すべきである」と主張する門侶が、少なからず存在したのであろう。

確かに承信房がいうように、衆生の不純粋でしかない自力執心によって「我が身は如来と等しい」と主張するならば、それは重大な思い違いである。しかし親鸞にとって、「如来と等しい」とまでい い切ることができる身を現生に賜ることは、自力の所行によってではなく、まったく他力、如来の本願力のなせるところであった。われわれ凡夫が信心獲得の一事において如来と等しいとまで断言できるのは、我が身に発起する真実信心は、もとは如来自身の清浄願心だからである。衆生に発起する信心は本願力回向の信心であり、これを親鸞は「他力の信心」と明確に述べている。

### F．一〇月二九日、慶信房からの手紙への加筆と返信

弥勒とひとしと候うは、弥勒は等覚の分なり、これは因位の分なり、これは十四・十五の月の円満したまうが、すでに八日・九日の月のいまだ円満したまわぬほどをもうし候う也。これは自力修行のようなり。われらは信心決定の凡夫くらい正定聚のくらいなり。これは因位なり、これ等覚の分なり。かれは自力也、これは他力なり。自他のかわりこそ候えども、因位のくらいはひとしというなり。（中略）また如来とひとしというは、煩悩成就の凡夫、仏の心光にてらされまいらせて信心歓喜す。信心歓喜するゆえに正定聚のかずに住す。信心というは智也。この智は、他力の光明に摂取せられまいらせぬるゆえにうるところの智也。仏の光明も智也、かるがゆえにお

なじというなり。おなじというは、おなじというなり。歓喜地というは、信心を歓喜するなり。わが信心を歓喜するゆえにおなじというなり。

（『真蹟書簡』『定親全』三、書簡篇、一七―一九頁、傍線筆者）

この消息は、下野高田在住の慶信房から送付された手紙に、親鸞が加筆・訂正を施し、さらに余白部分に簡単な返答を書き入れて、親鸞の晩年に常随した蓮位の添状とともに返送したものである。現存する消息のなかでも珍しい形態である。

上記引用箇所は、親鸞の直筆ではなく蓮位による添状の文であるが、文末に「以上の手紙の内容を、間違いがあってはならないと思い、親鸞聖人の御前で読み上げたところ、「これに過ぎた書きようはない、結構である」と仰っていただいた」(7)と記されている。つまり、この蓮位の文は親鸞が内容を確認しており、親鸞の教示と了解しても差し支えないであろう。この文においても、先に考察した二通同様、煩悩成就の凡夫が信心歓喜すれば、如来と等しく、歓喜地の菩薩と同じであることが説示されている。

さて、ここで確かめるべきことは、傍線を引いた二つの文――弥勒菩薩も信心決定の凡夫も、ともに等覚の位に住するのであり、果位の仏に対しては因位、すなわち必ず仏になるべき位である、と述べている点である。先にも少し触れたが、親鸞がこのように述べる背景の一つとして、この頃の関東では、いわゆる「如来等同思想」を真言密教的な即身成仏義として理解する混乱が生じていたことが推察される。(8)このような異義に対して親鸞は、われわれ凡愚は信心決定したといっても、この身はどこまでも「煩悩成就の凡夫、生死罪濁の群萌[9]」に変わりないと述べる。ここに親鸞が、信心獲得の人を「如来とひとし」とは述べても、「如来とおなじ」という表現をけっして用いない、凡夫としての分限を自覚していたことが窺われる。

## 第三節　畢生の思想課題としての「如来等同思想」

以上、概観してきたように、今回取り上げた消息において、いわゆる「如来等同思想」は、以下の三点から確かめられている。

(1) 信心獲得の人が定まる「如来とひとし」く「弥勒とおなじ」位とは、現在に恵まれる位である。

(2) そして、「如来とひとし」とまでいい切ることができるのは、衆生に発起する信心は、如来より賜る真実の信心、他力回向の信心だからである。くれぐれも自力的・真言密教的即身成仏の教えと混同してはならない。

(3) したがって、われわれ衆生は信心を獲得しても、この身は最後まで煩悩具足の凡夫のままである。

このような内実を有する「如来等同思想」は、親鸞が晩年に記した消息や和讃、仮名聖教などで繰り返し説示する教えである。たとえば、七六歳のときに撰述した『浄土和讃』では、

歓喜信心無疑者をば　与諸仏如来等ととく
大信心は仏性なり　仏性すなわち如来なり
（『定親全』二、和讃篇、五七頁）

と述べており、また八六歳のときに著した『尊号真像銘文』では、自身の「正信偈」を註解して、「成等覚証大涅槃」というは、成等覚というは正定聚のくらい也。このくらいを龍樹菩薩は「即時入必定」とのたまえり。曇鸞和尚は「入正定之数」とおしえたまえり。これはすなわち弥勒のくらいとひとしと也。
（『定親全』三、和文篇、一一六頁）

と論じている。このほか、晩年に記した『正像末和讃』『一念多念文意』『如来二種回向文』などにも同様の内容を確認することができる。この点から見れば、親鸞は「如来等同思想」をその晩年に顕著に論じているといえる。

しかしながら、これらの教示は、親鸞の晩年期においてはじめて、あるいは殊更に述べられたものではない。すでに親鸞は、真実信心の内景を明らかにする『教行信証』「信巻」において、『華厳経』の「聞此法歓喜　信心無疑者　速成無上道　与諸如来等」の文を引用して、

此の法を聞きて、信心を歓喜して疑いなき者は、速やかに無上道を成らん、諸の如来と等しとなり。
（『定親全』一、一二四頁）

と訓み下している。これは、たとえば『国訳大蔵経』によれば、

此の法を聞きて歓喜し、心に信じて疑うこと無き者は、速やかに無上道を成じて、諸の如来と等しからん。
（『国訳大蔵経』経部七、五九一頁）

と訓むのが一般的である。それを親鸞は、より積極的に了解し、「信心歓喜する者は諸仏如来と等しい」と訓読した。また同じく「信巻」に、王日休の『龍舒浄土文』を引用して、

我『無量寿経』を聞くに、衆生この仏名を聞きて、信心歓喜せんこと乃至一念せんもの、かの国に生まれんと願ずれば、即ち往生を得、不退転に住すと。不退転は、梵語にはこれを阿惟越致と謂う。『法華経』には謂わく、弥勒菩薩の所得の報地なり。一念往生、便ち弥勒に同じ。

（『定親全』一、一五〇頁）

と訓み下して、信心歓喜する者に施与される不退転の位とは、弥勒菩薩が修行によって到達した位と同じであることを確かめている。

そして、さらにいえば、本節の冒頭で確かめた「如来等同思想」の内実をなす（1）〜（3）の三点についても、親鸞の主著『教行信証』において、浄土真実の仏道を明らかにする大切な思想課題として、すでに論証している。たとえば（1）に関して、第二章でも考究したが、親鸞は「信巻」で「現生十種の益」を明らかにして次のように述べている。

金剛の真心を獲得すれば、横に五趣八難の道を超え、必ず現生に十種の益を獲。何者か十とする。一つには冥衆護持の益、二つには至徳具足の益、三つには転悪成善の益、四つには諸仏護念の益、五つには諸仏称讃の益、六つには心光常護の益、七つには心多歓喜の益、八つには知恩報徳の益、九つには常行大悲の益、十には正定聚に入る益なり。

（『定親全』一、一三八—一三九頁）

ここに、金剛の真実信心を獲得した者に現生に恵まれる利益が示されるが、四番目には「諸仏護念

の益」が、また十番目には「正定聚に入る益」が明かされている。十方恒沙の諸仏によって護念され、正定聚の位に住するときとは、この現生においてであり、臨終を期する必要はまったくないことが示されている。この道理を、親鸞は『教行信証』「証巻」冒頭において、

煩悩成就の凡夫、生死罪濁の群萌、往相回向の心行を獲れば、即の時に大乗正定聚の数に入るなり。正定聚に住するが故に必ず滅度に至る。（『定親全』一、一九五頁）

と明確に述べて、浄土真宗の教えを現生正定聚の仏道として顕揚している。

また（2）に関していえば、衆生に発起する信心が如来自身の願心、すなわち本願力回向の信心であることは、「信巻」の「別序」において、

信楽を獲得することは如来選択の願心より発起す、（『定親全』一、九五頁）

と、また「証巻」において、

夫れ真宗の教行信証を案ずれば、如来の大悲回向の利益なり。故に、もしは因もしは果、一事として阿弥陀如来の清浄願心の回向成就したまえる所にあらざることあることなし。因浄なるが故に果また浄なり。（『定親全』一、二〇一頁）

と教示されている。如来の清浄願心は衆生における選択本願の行信として回向成就する。ここに、浄土真宗の根本原理をなす本願力回向の道理が明示されている。

そして、（3）について確かめるならば、たとえば「正信偈」に、

摂取の心光、常に照護したまう。すでによく無明の闇を破すといえども、

貪愛瞋憎の雲霧、常に真実信心の天に覆えり。

（『定親全』一、八六—八七頁）

と詠われるように、一念喜愛の心を発して阿弥陀の摂取不捨の利益に与《あずか》ったとしても、その身は有漏のままであり、貪愛や瞋憎といった煩悩が常に惹起する煩悩具足の凡夫のままである。まさに「よろずの煩悩にしばられたるわれら(10)」である。

なお、「正信偈」本文では、このあとに「譬えば日光の雲霧に覆わるれども、雲霧の下、明らかにして闇きことなきが如し(11)」と述べて、真宗独特の信心の内景とその歩みを、日光、闇、雲霧の三つの関係によって譬喩的に説示している。この内実については、「結　一切群萌の救済」であらためて論じることにして、ここでは、上述の「すでによく無明の闇を破すといえども、貪愛瞋憎の雲霧、常に真実信心の天に覆えり」と示される、煩悩具足という事実のみを確認しておく。

さて、いわゆる「如来等同思想」の内実をなす重要な三点について、『教行信証』における親鸞の自釈によりながら推究した。すでに明らかなように、「如来等同思想」の内実をなす教示とは、親鸞畢生の主著『教行信証』における思想課題と同質であった。「諸仏、如来とひとし」「弥勒とおなじ」という言葉自体は、確かに親鸞晩年の著作に数多く確認することができる。この点においては、親鸞が「如来等同思想」を積極的に説きはじめたのは、帰洛後においてであったかもしれない。しかしながら、その思想自体は、すでに『教行信証』執筆時に究明されていたのである。

## おわりに

本章の冒頭でも述べたように、親鸞が晩年に著した仮名聖教や消息に、その思想課題や宗教的境地を尋ね当てる場合、同時期に主に東国で惹起していた諸問題と関連づけて考究されることが多い。たとえば、有念無念・一念多念の諍論、造悪無碍の邪義、善鸞による異義の主張と義絶、そして今回概観した、いわゆる「如来等同思想」などである。

しかしながら、信心獲得した者にいかなる内面が開かれるか、また、どのような利益を賜るかという問題は、親鸞が二九歳のときに法然と値遇し、専修念仏の教えに帰依したときからの問題であり、親鸞の一生を貫く思想課題であった。したがって「如来等同思想」も、これまで論述してきたように、親鸞の晩年に限って考察すべき思想ではないと考える。

親鸞は消息において、現実の具体的諸問題に応答しつつも、浄土真宗の根本原理である阿弥陀の普遍的救済を顕彰しようとした。すなわち、親鸞が遇い得た現生正定聚・住不退転の仏道、本願力回向の内実を、あらためて自分自身に問い尋ね、消息を通して門弟に説示したのである。親鸞のこのような営為を、晩年にしたためた消息を通して窺うことができる。

## 註

（1）追伸の文を一通と見るか二通と見るかによって、四二通と数える研究者もいる。いまは『現代の聖典　親鸞書簡集　全四十三通』（細川行信・村上宗博・足立幸子）の了解によった。

（2）善鸞義絶の根拠となる書簡（義絶状）について、その信憑性を疑う、あるいは認めない研究もあるが、本章の主題ではないので、いまは立ち入らないことにする。

（3）平松令三「親鸞聖人御消息集成本の信頼度」（『龍谷大学論集』第四二五号）、遠藤美保子「親鸞の思想を語るに消息集は再検討されるべきこと」（『鎌倉仏教の思想と文化』）を参照。

（4）親鸞の真蹟は、本文で示した七通のほかに、「三月二八日、おうごぜん宛て」「一二月一五日、真仏房宛て」「一一月一一日、いまごぜんのはは宛て」「一一月一二日、ひたちの人々宛て」の四通である。

（5）『真蹟書簡』『定親全』三、書簡篇、二六―二七頁を参照。

（6）この「如来等同」という用語は、親鸞の教示を必ずしも正確に表現した言葉ではないし、また親鸞自身が付したものでもない。親鸞は「衆生」と「諸仏」「如来」、「衆生」と「弥勒」の関係を述べる際に、「等」と「同」の語を厳密に使い分けている。したがって、問題のある呼称ではあるが、いまは便宜上「如来等同思想」と表記する。この問題については、たとえば徳永道雄「親鸞の諸仏等同について」（『日本仏教学会年報』第五三号）や御手洗隆明「如来等同の一考察」（『親鸞教学』第六六号）などに詳しい。

（7）『真蹟書簡』『定親全』三、書簡篇、二一―二二頁を参照。

（8）たとえば『歎異抄』第一五条には、「煩悩具足の身をもって、すでにさとりをひらくということ。この条、もってのほかのことにそうろう。即身成仏は真言秘教の本意、三密行業の証果なり。（中略）これみな難行上根のつとめ、観念成就のさとりなり。来生の開覚は他力浄土の宗旨、信心決定の道なるがゆえなり。これまた易行下根のつとめ、不簡善悪の法なり」（『定親全』四、言行篇(1)、二七—二八頁）と記されている。

(9)『教行信証』「証巻」『定親全』一、一九五頁。

(10)『唯信鈔文意』『定親全』三、和文篇、一六八頁。

(11)『定親全』一、八七頁。

第六章

# 悪の自覚道——真宗の人間観・救済観

## はじめに

本章では、親鸞思想の基本的人間観である「悪人」について、曽我量深の了解を通して考究したい。善人と悪人に関する真宗学的知見からの先行研究はこれまでに多数あるが、そのことを自明の理とすることなく、また知的理解に陥ることなく、自らの問題として、あらためて曽我の言葉に確かめていきたい。

そしてこの推究は、単に浄土真宗における善悪観、人間観を考察するだけにとどまらない。善人・悪人の考察は、われら凡夫がいかにして救われるかという宗教的覚醒の考究も包摂している。このように、曽我の了解を通して、親鸞が開顕した浄土真宗の人間観、そして救済観を尋ね直すことにする。

## 第一節　我如来を信ずるが故に如来在ます也

曽我の講説を「聞書」という形で残した文章に、次のような言葉がある。

宿善開発して自分自身の罪の深いことを知った人を、悪人、悪人正機と言う。それなしに悪人正機ということを思うている人が沢山ある。悪人正機ということは、信ずるが故に如来まします、というところに初めて悪人正機ということがある。我々が煩悩に悩み、罪に悩んで、信心を求めている。信心によって如来を求めている。その我々の信心の願いに応えてついに如来に遇うのである。深き罪に悩んでいる者を救わんがための本願である。我々が信を求めてついに如来に遇うのである。信を求めない人は如来に遇わぬ。

（『言葉』一二四頁）

「悪人正機」とは、阿弥陀の本願は、まさしく悪人を救いの対象として建立されたと了解する浄土真宗の基本的救済観である。この教えは、周知の通り『歎異抄』第三条に詳述されるが、なぜ「善人なおもて往生をとぐ、いわんや悪人をや[1]」と説くのかといえば、

煩悩具足のわれらは、いずれの行にても生死をはなるることあるべからざるを、あわれみたまいて願をおこしたまう本意、悪人成仏のためなれば、他力をたのみたてまつる悪人、もっとも往生の正因なり。

（『歎異抄』第三条、『定親全』四、言行篇(1)、七頁）

と示されている。すなわち、阿弥陀の本願は「いずれの行もおよびがたき[2]」われら悪人を救済するた

めに建立されたからである。

さていま、曽我の講説のなかで注目したいのは、「悪人正機ということは、信ずるが故に如来まします、ということに初めて悪人正機ということがある。我々が煩悩に悩み、罪に悩んで、信心を求めている。信心によって如来を求めている」「我々が信を求めてついに如来に遇うのである。信を求めない人は如来に遇わぬ」と述べている点である。ここで曽我は、如来との値遇は悪の自覚を契機とするのであり、信心を求めない者は如来と値遇しないと述べる。曽我は悪人正機の教えに、真実信を求める衆生の内実を見出している。

この教示に関して想起されるのは、曽我が満九〇歳を迎えた際に行った記念講演である。講演時の原題は「如来あっての信か、信あっての如来か」とされていたが、講演録として刊行される際に、「我如来を信ずるが故に如来在ます也」と曽我自身によって改題された。この改題の経緯、またその意義については、すでに先学が指摘している(3)。曽我は講演の冒頭で、なぜ「如来あっての信か、信あっての如来か」という講題を掲げたかといえば、自分が真宗大学の学生の頃、師の清沢満之から「如来がましますから如来を信ずることができるのか。それとも、われわれの人生における根本的な要望があって、それに応えて如来が現れたのか。如来の本願の救済が先か、われわれ衆生の信心の要望が先か」という問題を与えられたのを、忽然として思い出したからであるという。

そして曽我は、「如来があって、それで如来を信ずるのか。それとも、自分が信ずるから如来があるのか。これは決めようとしても決められない、一方的に決めるわけにいかない。だから本当の問題になる」と受けとめつつ、しかし「信ずるということを離れて、如来ましますということは考えられない」「信のない人に如来はましまさぬ、信のある人にのみ如来まします」と述べて、清沢の「如来あっての信か、信あっての如来か」との問いに対して、「我如来を信ずるが故に如来在ます也」と宣言し、当初の講題を改変することによって、清沢の問いに六〇年以上の歳月を経て応えたのである(4)。

如来の本願の救済が先か、それとも、われわれの信心の要望が先か。曽我はこの問いに対して、如来の本願との値遇は、まず何よりも煩悩罪悪の我が身に苦悩し、仏道を求める衆生の信、すなわち求道心が、その根本であることを明示した。曽我は「信を求めない人は如来に遇わぬ」という。自分自身が罪深い悪人であることを自覚し、改悔・懺悔するところに、如来の本願は開かれる。自己の罪悪の徹底した自覚と如来との値遇は、一体同時なのである。

## 第二節　深信自身

では、われわれはいかにして自らの罪悪性、換言すれば、根源的に悪人であることに目覚めることができるのか。自己の悪の自覚が、他者との比較や時代社会、倫理道徳との関係で行われる反省や内省である限り、その自覚は相対的であり、自身を取り巻く環境や状況が変化すれば、常に揺れ動く一時的な自己反省でしかない。絶対悪の徹底した自覚、それはいかにして衆生に可能となるのか。その道程を曽我は、別の講義のなかで次のように述べている。

二種深信は自力をすてるということは、つまり自分自身を知るということでしょう。ただ自力をすてるというわけではなくて、自分自身を知るということが自力をすてる意味である。こういうので、機の深信とは何であるかといえば、一つには決定して深く自身を信知するのである。（中略）自力をすてるには自分自身を知らなければならない。だから、自分自身をすててしまったらいいというわけではありません。やはり自力をすてるということは、自分自身を正しく知るということが大切であるに違いありません。

（『教行信証大綱　曽我量深講義録　上』一一八—一一九頁）

ここで曽我は、善導の『観経疏』「散善義」深心釈に説かれる二種深信のなかでも、特に第一の機の深信、すなわち、

一つには決定して深く、自身は現にこれ罪悪生死の凡夫、曠劫より已来、常に没し常に流転して、出離の縁あることなしと信ず。

（『真聖全』一、五三四頁）

の文言によりながら、自分自身を正しく知ることの重要性について論じている。自力をすてるには自己を知らなければならない。自力（自己の善人性）をすてて他力（阿弥陀の本願）に帰すためには、自己の実相を正しく知らなければならないのである。

機の深信と言うと直ぐに「自身は現に是れ罪悪生死の凡夫、曠劫より已来、常にしずみ常に流転して、出離の縁あることなしと深く信ず」と、こういうふうに読むけれども、私は「自身を……」と。我が身を信ずるのである。信ずることは知ることである、我が身を知るということは、我が

身の内面を知るということである。

（『言葉』六五頁、傍点原文）

このように曽我は、信ずるとは知ることであると述べ、機の深信とは我が身の内面を深く知ることであると了解する。

では、善導の自覚の言葉（機の深信の文）を通して知らされる我が身とは、どのような内実を有するのであろうか。それが、「自身は現にこれ罪悪生死の凡夫、曠劫より已来、常に没し常に流転して、出離の縁あることなき身である。自身は過去・現在・未来を通して、流転沈没して助からず、無明の身を生きるしかない罪悪生死の凡夫であるとの自覚である。ここに至ってはじめて法の深信が開かれる。まさに機法一体の道理である。

したがって曽我も、「二種深信というのは、機の深信も法の深信も結論ではない。契機である」「どうすることもならない罪悪生死の凡夫、無有出離之縁、全く倒れるより仕方がない、そういう危機一髪のところ、苦しい環境、を逆契機として、法の深信に転ぜられる(5)」と述べている。自分自身の現実相を信知するところに法の深信、すなわち、

二つには決定して深く、かの阿弥陀仏の四十八願は衆生を摂受して、疑いなく慮りなく、かの願力に乗じて、定んで往生を得と信ず。（『観経疏』「散善義」『真聖全』一、五三四頁）

と、決定して深く阿弥陀の本願力に乗託する自己への信知が開かれる。

改悔懺悔のままが深信である。改悔懺悔は改悔懺悔、深信は深信と、二つあるわけではない。改悔懺悔するそのままが深信である。その改悔懺悔が、それが真実信心というものである。その改

悔懺悔せしめるのを仏智不思議と言う。

（『言葉』一一七頁）

曽我は、改悔・懺悔と深信とは別々ではなく、両者は表裏一体、つまり一つであるという。改悔・懺悔の自覚が即、本願との値遇を成就せしめる。改悔・懺悔の心以外に、信心というものがどこかほかにあるわけではない。曽我は次のようにも述べている。

「唯除五逆誹謗正法」が本当に分かった人が化生往生をするのである。だから、あの「唯除五逆誹謗正法」を、それは自分のことだと、我がことだと知らされた人が、自覚の信心を成就しておるのである。これを仏智不思議の信心と言う。

（『言葉』一一七頁）

『大経』の第十八願文に誓われる「ただ五逆と誹謗正法を除く(6)」の教言、これは自分と無関係の、どこかの極重悪人を指す言葉ではない。「唯除五逆誹謗正法」、これこそが自己の現実であると信知する者が、阿弥陀の真実報土を願生する者となる。「唯除五逆誹謗正法」の自覚が、凡愚のわれらに本願を真に感得せしめる。本願は唯除の自覚に成就するのである。

## 第三節　内懐虚仮の自覚

しかしながら、もとより罪悪生死の凡夫において、自己の現実相をありのままに見ることは不可能でないだろうか。たとえば曽我が、

私どもが自分自身の機について惑うている、その姿を罪福の信と言うのである。罪福を信じ善本

を修するということは、機の深信がないからである。機の深信は罪福の信を乗り超えた姿である。罪福の信は、法の深信が欠乏している姿が罪福の信だと、そういうように解釈しているようである。そういうこともあるけれども、それよりもむしろ、自分の機についての眼が開けておらない。

（『言葉』六一―六二頁）

と述べるように、無有出離之縁たる我が身の事実が徹底して知らされないから、私たちは常に罪福信をたのんで迷うのであろう。雑行雑修自力の心を振りすてることができず、自力の信心に迷惑しているわれわれの仏智疑惑する姿が、ここに明白である。

親鸞は、このような衆生の現実相を、善導の『観経疏』「散善義」至誠心釈の文を『教行信証』「信巻」に引用して、次のように明示する。

『経』に云わく、一者至誠心。至は真なり。誠は実なり。一切衆生の身口意業の所修の解行、必ず真実心の中に作したまえるを須いることを明かさんと欲う。外に賢善精進の相を現ずることを得ざれ、内に虚仮を懐いて、貪瞋邪偽、奸詐百端にして、悪性侵め難し、事、蛇蝎に同じ。三業を起こすといえども、名づけて雑毒の善とす、また虚仮の行と名づく、真実の業と名づけざるなり。もしかくの如き安心・起行を作すは、たとい身心を苦励して、日夜十二時、急に走め急に作して頭の燃を炙うが如くする者、すべて雑毒の善と名づく。この雑毒の行を回して、かの仏の浄土に求生せんと欲するはこれ必ず不可なり。

（『定親全』一、一〇二頁）

これは『観経』において、阿弥陀仏国に生まれたいと願う者が起こすべき三つの清浄な心――至誠心・深心・回向発願心のうち、真実の心である至誠心について論じる箇所である。ここで親鸞は、善導の教示によりながらも、一切衆生の身口意の三業による修行は、如来が真実心のうちに成就されたものを須いるのであると述べる。なぜならば、われわれは心のうちに虚仮を懐き、その悪性はとどまることがないからである。したがって、そのような私たちが三業の行を起こしても、それは雑毒の善、虚仮の行にほかならず、けっして阿弥陀の浄土に生まれることはできない。

ただ、ここで注意すべきは、すでによく知られているように、この至誠心釈の文は従来、次のように訓読されている点である。

経に云わく、一者至誠心。至とは真なり。誠とは実なり。一切衆生の身口意業に修する所の解行、必ず須く真実心の中に作すべきことを明かさんと欲す。外に賢善精進の相を現じ内に虚仮を懐くことを得ざれ。貪瞋邪偽奸詐百端にして悪性侵め難く、事、蛇蝎に同じきは、三業を起こすといえども名づけて雑毒の善とす、また虚仮の行と名づく、真実の業と名づけざるなり。

（『浄土宗全書』二、五五頁）

「一切衆生の身口意業に修する所の解行、必ず須く真実心の中に作すべきことを明かさんと欲す」、つまり修する主体は衆生である。真実心のなかに身口意の三業の行を起こせとの、われわれへの要請である。しかし親鸞は、「一切衆生の身口意業の所修の解行、必ず真実心の中に作したまえるを須いることを明かさんと欲う」と訓み下している。「たまえる」という尊敬語を用いていることからわかるように、親鸞の了解では、真実心を起こすのは阿弥陀如来である。

先に引用した「散善義」の文では、続いて、

何をもっての故に、正しくかの阿弥陀仏、因中に菩薩の行を行じたまいし時、乃至一念一刹那も、三業の所修みなこれ真実心の中に作したまいしに由ってなりと。おおよそ施したまう所、趣求をなす、またみな真実なり。（「信巻」所引、『定親全』一、一〇二―一〇三頁、傍線筆者）

と述べられている。これも親鸞の訓みであるが、真実心などどこにもない衆生に清浄な三業による行が可能となるのは、傍線で示したように阿弥陀の因位の願行、すなわち法蔵菩薩の清浄願心の回向成就だからである。そして、その真実心を「須いる」主体が衆生である。親鸞は、衆生の徹底した身の自覚、信仰的懺悔を転換点として、われわれ凡夫を阿弥陀の清浄願心の回向成就に値遇する存在であると了解する。われら至誠心なき凡夫が、阿弥陀の清浄真実心を感得していく道がここに開かれるのである。

そしてまた、従来は「外に賢善精進の相を現じ内に虚仮を懐くことを得ざれ。貪瞋邪偽奸詐百端にして悪性侵め難く、事、蛇蝎に同じ」と訓まれる箇所について、親鸞は「外に賢善精進の相を現ずることを得ざれ、内に虚仮を懐いて、貪瞋邪偽、奸詐百端にして、悪性侵め難し、事、蛇蝎に同じ」と訓み下している。ここで問題となるのは、どうすることを「得ざれ」と誡めているかという点である。

従来の文では、「外に賢善精進の相を現じ内に虚仮を懐くことを得ざれ」と、一連の文章として訓んでいるから、外と内の両方に対して「得ざれ」と誡めていると読み取れる。すなわち、外相も内心も至誠であれ、内外一致して真実であれ、との教言である。それに対して親鸞の訓みでは、「外に賢

善精進の相を現じてはならない。なぜなら内に虚仮を懐いているからである」という意味になる。衆生はそもそも虚仮雑毒、罪悪深重の凡夫であり、悪性侵めがたい存在である。したがって、外に偽りの賢善精進の相を現してはならないと誡めるのである。

親鸞はこの「散善義」の文を、『唯信鈔文意』で次のように解釈して、徹底した身の懺悔を明確に示している。

「不得外現賢善精進之相」というは、あらわにかしこきすがた、善人のかたちをあらわすことなかれ、精進なるすがたをしめすことなかれとなり。そのゆえは「内懐虚仮」なればなり。内はうちという、こころのうちに煩悩を具せるゆえに、虚なり仮なり、虚はむなしくして、実ならぬなり、仮はかりにして真ならぬなり。このこころはかみにあらわせり。この信心はまことの浄土のたねとなりみとなるべしと、いつわらずへつらわず、実報土のたねとなる信心なり。しかればわれらは善人にもあらず、賢人にもあらず、賢人というは、かしこくよきひとなり。精進なるこころもなし、懈怠のこころのみにして、うちはむなしくいつわり・かざり・へつらうこころのみつねにして、まことなるこころなきみなりとしるべしとなり。

(『定親全』三、和文篇、一七八―一七九頁)

また「愚禿悲歎述懐」の和讃では、次のように詠っている。

外儀のすがたはひとごとに　賢善精進現ぜしむ
貪瞋邪偽おおきゆえ　奸詐ももはし身にみてり

悪性さらにやめがたし　こころは蛇蝎のごとくなり
修善も雑毒なるゆえに　虚仮の行とぞなづけたる（『定親全』二、和讃篇、二〇八―二〇九頁）

これらの言葉に、衆生の虚仮不実性が厳しく見据えられている。内外の不一致ほど、我が身の事実に背き、また教言に値遇する機縁を自ら遠ざけることはない。阿弥陀との出遇いは、このような自己の愚の自覚を契機とする。ここに、至誠心なきわれら凡夫に、因位法蔵の清浄願心が回向成就され、阿弥陀の清浄真実心を感得せしめられる。因位法蔵は虚仮不実の凡夫の身に、その身を投じているのである。

## 第四節　南無阿弥陀仏の主になる

以上確かめてきたように、「散善義」至誠心釈の従来の訓み方では、至誠心を起こす主体は衆生であり、衆生が自身の真実心のなかに身口意の三業を起こすという意味であった。つまり、衆生の努力によって清浄な真実心を獲得せよ、という教言として了解することができる。

しかしながら、「至誠心」は善導によって「真実心」と読まれるように、虚仮・虚妄の混じらない純粋な心である。はたしてそれを衆生の努力で獲得することなどできるだろうか。衆生の本来性に立ち返って考えてみれば、虚仮不実でしかない私たちに、そのような心を起こしたり、そうあり続けたりすることなど不可能であろう。このような身の自覚に立脚して了解した主体的訓読が、親鸞独自の訓読であったのである。

親鸞の訓みにしたがえば、真実心のなかに身口意の三業が起こるのは、如来のはたらきによるものである。より正確にいうならば、「阿弥陀仏、因中に菩薩の行を行じたまいし時」、つまり法蔵菩薩の行としてである。この法蔵の行として成就した至誠心が、衆生に回施されるところにはじめて、至誠心なき凡夫の身に如来の清浄な真実心が成就すると、親鸞は訓み抜いた。このことは、先に引用した和讃に続いて、

無慚無愧のこのみにて　まことのこころはなけれども
弥陀の回向の御名なれば　功徳は十方にみちたまう

（「愚禿悲歎述懐」『定親全』二、和讃篇、二〇九頁）

と、阿弥陀の回向によって、無慚無愧の我が身に無量功徳が成満すると詠う所以でもあろう。親鸞は、因位法蔵の兆載永劫の修行を、「信巻」至心釈において次のように自釈する。

一切の群生海、無始より已来乃至今日今時に至るまで、穢悪汚染にして清浄の心なし。虚仮諂偽にして真実の心なし。ここをもって如来、一切苦悩の衆生海を悲憫して、不可思議兆載永劫において、菩薩の行を行じたまいし時、三業の所修、一念一刹那も清浄ならざることなし、真心ならざることなし。如来、清浄の真心をもって円融無碍不可思議不可称不可説の至徳を成就したまえり。如来の至心をもって諸有の一切煩悩悪業邪智の群生海に回施したまえり。則ちこれ利他の真心を彰す。故に疑蓋雑わることなし。この至心は則ちこれ至徳の尊号をその体とせるなり。

（『定親全』一、一一六―一一七頁）

阿弥陀は、穢悪汚染にして虚仮諂偽なるわれら苦悩の衆生を悲憫して、清浄真実なる願心を衆生の真実信心として回向成就した。そして、その真心は「至徳の尊号」、すなわち本願の名号を体とすると尋ね当てた。したがって、親鸞における至誠心釈の訓み換えは、われわれ衆生は外に賢善精進の相を現じたい欲求を持つが、本来は内に虚仮を懐く存在であると、衆生の虚偽性を徹底的に見抜き、我が身の事実をいい当てた言葉である。

さて、曽我は親鸞のこのような教示に導かれて、衆生の現実相を次のように述べる。

不思議の仏智を回向された信心の人のみが内を知ることが出来る。――「内に虚仮を懐けばなり」。機の深信でも、自力のところに自分の立場を置いて言うている機の深信と、如来の本願力回向によって照らされた機の深信と違う。南無阿弥陀仏のないところには、我々の心は虚仮のものである。内に虚仮を懐いて外に賢善精進の相を現じている。そういうものは少善根福徳因縁というものである。少善根福徳因縁の信心をば、それをば罪福信と言う。（『言葉』一一六頁）

南無阿弥陀仏がない生活は無明の黒闇であり、虚仮不実の自己のままである。内に虚仮を懐いているにもかかわらず、外に賢善精進の相を現ずることに苦心している、自力の行者そのものである。それでは、「少善根福徳の因縁をもって、かの国に生ずることを得べからず」[7]、すなわち阿弥陀の功徳の世界に値遇することなど到底不可能である。曽我は次のようにも論じている。

如来の本願の光に照らされねば本当の自分の内心は分からぬ。（中略）南無阿弥陀仏があって初めて魂が助かる。南無阿弥陀仏があって初めて内が充実する。(中略)内とは、阿弥陀如来の本願が内である。如来の御心のみが内である。内とは南無阿弥陀仏である。

(『言葉』一二六―一二八頁)

自分の心といっても、念仏の信心が発起しなければ、その心は虚仮不実、煩悩妄念の心であり、無明存在の我が身のままである。果位阿弥陀が因位法蔵であったときに、真実心によって修行した功徳が凡夫の身に回施されることによって、われらに至誠心がはじめて成就する。ここで曽我は、「南無阿弥陀仏があって初めて内が充実する」「内とは南無阿弥陀仏である」と述べるが、この言葉に蓮如の言葉を想起する。

弥陀をたのめば南無阿弥陀仏の主になるなり。南無阿弥陀仏の主に成るというは、信心をうることなりと云々。又当流の真実の宝というは南無阿弥陀仏、これ一念の信心なりと云々。

(『蓮如上人御一代記聞書』『真聖全』三、五九一頁)

阿弥陀の本願に乗託することによって、われら凡夫は凡夫のままに南無阿弥陀仏の主になることができる。これによってはじめて、人間は真の内面、真の人生を回復せしめられるのであろう。ここに信心の生活、すなわち本願の仏道を歩む人生が開かれるのである。

## 第五節　露悪者の系譜

浄土真宗における善人と悪人がいかなる内実を有するかについては、すでに本章の第一節で尋ねたように、『歎異抄』第三条が明確に示している。善人とは「ひとえに他力をたのむこころかけたる」「自力作善のひと」であり、悪人とは「いずれの行にても生死をはなるることあるべからざる」「煩悩具足のわれら」である。(8) この了解を受けて、曽我は次のように述べている。

『歎異抄』にいう善人悪人は普通の善人悪人とは違うのである。その違う証拠は第三条を以て知るべし。（中略）『歎異抄』で善人善人というは自力作善の人である。（中略）悪人とは何か。悪人とは煩悩具足の凡夫。（『歎異抄聴記』『選集』六、三四―三五頁）

「善人なおもて往生をとぐ、いわんや悪人をや」、これは善人というのも悪人というのもその人の自覚である。何か他人を指して善人悪人というのではない。自分を抜きにして何処かに善人悪人があり、その中の悪人を正機とするというのではない。これはやはり機の深信、自分に就て自分がよいと思っている人が善人、自分は「いずれの行もおよびがたき身なれば、とても地獄は一定すみかぞかし」、往生の因も手懸りもないと自覚している人が悪人。自分自ら出離菩提の因もなく往生の手懸りもなしと深信する人を悪人という。（『歎異抄聴記』『選集』六、一五〇頁）

このように、善人・悪人の自覚は機の深信を契機とするが、曽我は善人と悪人に関して、次のようにも述べている。

善人は偽善者である。悪人は露悪者である。偽善者に甘んずるか、露悪者に甘んずるか、どちらかである。偽善者と露悪者の中間はない。『私は露悪者でございます、まことに申しわけございません』と頭を下げた方が、法然・親鸞・蓮如、近くは清沢満之である。露悪者が安心して居れる場所を阿弥陀如来が願心荘厳して下された世界を浄土と言う。（『言葉』一三一頁）

善人すなわち自力作善の人は、罪福を信じ善本を修する自力の行者であり、このような者は偽善者であるという。それに対して悪人とは、他力をたのみたてまつる人であり、このような人を露悪者というと述べる。(9)「偽善者」とは、先に考察した『外に賢善精進の相を現ずる者』のことであろう。覚如の『改邪鈔』に、

たとい牛盗とはいわるとも、もしは善人、もしは後世者、もしは仏法者とみゆるようにふるまうべからずとおおせあり。（『真聖全』三、六八頁）

と、親鸞の言葉が伝えられているが、ここにいう「善人」「後世者」「仏法者とみゆるようにふるまう」者こそ偽善者であろう。「みゆるようにふるまうべからず」と断言するのは、われら衆生の本質は内懐虚仮、貪瞋邪偽、奸詐百端にして、悪性侵めがたき存在にほかならないと見抜いているからである。

さて曽我は、「露悪者」すなわち他力をたのむ悪人の系譜として、法然・親鸞・蓮如、そして清沢満之を挙げている。いずれも自己の罪悪性に目覚め、本願他力の信念に立脚した先達であるが、ここ

で注目すべきは、曽我の終生の師である清沢の悪人観である。清沢は、自身が唱道した「精神主義」の内実を次のように講説する。

内観を盛にして自己の立脚地を省察せば、我等の第一に感知する所は、自己の闇愚無能、所謂罪悪生死の凡夫であると云うことであります、全責任を負いながら、之を弁ぜざるは闇愚であります、仮令之を知るも、之を果す能わざるもの多きは無能であります、其間に於て昏々として徒らに生を愛し妄りに死を憎みつつ酔生夢死するは、是れ罪悪生死の凡夫であります、然るに、此の如く自己の闇愚無能なることを自覚するは、是れ非常なる苦痛の因なるかの如く思わるるかも知れませぬが、決してソーデはありませぬ、

（「精神主義〔明治三十四年講話〕」『岩波』六、三〇三頁、傍点原文）

清沢は「精神主義は、一に内観主義と云い、或は主観主義と云う」(10)と定義する。その内観を通して見えてくる自己とは、闇愚無能であり罪悪生死の凡夫である。これこそが我が身の実相である。この自覚は、多大な心痛や苦痛が必要だと思うかもしれない。しかし清沢は、そうではないと述べる。そしてこのあと、示唆に富んだ譬喩を語るのであるが(11)、その結語として、

何事にも自ら進んで責任を負い、自ら罪悪のものなりと自覚せる人物の住する所は、恭順和楽の天地を構成することになります、　（「精神主義〔明治三十四年講話〕」『岩波』六、三〇四頁）

と論じて、自己の実相を罪悪生死の凡夫であると自覚する者には、恭順和楽の心境が開かれると明示する。ここに悪の自覚道、すなわち露悪者として本願の摂取・救済に乗託する他力浄土の教えが開顕

される。そして、清沢の内観主義、主観主義の教えに終生、自身を問い続けた曽我は、親鸞の悪人成仏の教えを本願他力の仏道として顕彰するのである。

## おわりに

弥陀の本願には、老少・善悪のひとをえらばれず、ただ信心を要とすとしるべし。そのゆえは、罪悪深重、煩悩熾盛の衆生をたすけんがための願にてまします。しかれば本願を信ぜんには、他の善も要にあらず、念仏にまさるべき善なきゆえに。悪をもおそるべからず、弥陀の本願をさまたぐるほどの悪なきがゆえにと云々。

（『定親全』四、言行篇(1)、四頁）

これは『歎異抄』第一条の言葉である。これまで推究してきたように、真実信心の獲得は自己の徹底的自覚、すなわち悪人の自覚を契機とする。ここに阿弥陀仏の一切の功徳善根が回施される。この内実を『歎異抄』の文は語り告げている。悪の自覚道は、本願の仏道である。

ところで、たとえば『教行信証』「総序」に「円融至徳の嘉号は、悪を転じて徳を成す正智[12]」と語られ、「信巻」の「現生十種の益」で「転悪成善の益[13]」と示される「悪」とは、これまで論じてきた「悪」と同様の内実を指している。ただし、ここで注意すべきは、「転悪成徳」「転悪成善」といっても、それは自力による散善の行を意味する「廃悪修善[14]」と同義ではないということである。「悪を廃して善を修する」のではなく、「悪を転じて徳を成す」あるいは「悪を転じて善と成す」のである。

親鸞はこの「転」について、

> 転ずというは善とかえなすをいうなり。もとめざるに一切の功徳善根を仏のちかいを信ずる人にえしむる
> （『唯信鈔文意』『定親全』三、和文篇、一五九頁）

と註釈している。[15] したがって、「転悪成徳」や「転悪成善」といっても、自己の罪悪を廃捨して清浄な存在に転換されていくことではない。むしろ逆であろう。悪の自覚がいよいよ深まるところに、不断煩悩得涅槃の仏道が開顕される。煩悩を自覚することが、そのまま涅槃に至る道となっていくのである。

曽我は親鸞の「愚」について、次のように論じる。

> うぶの生まれつきはみな平等である。そのうぶの平等であるということを、親鸞は「愚」とおっしゃった。「愚禿」の愚という字はそういう意味をもつものであろう。（中略）愚痴にかえるということは、うぶの心にかえる。虚偽の名聞利養を捨てて、うぶな、飾りのない心にかえる。
> （『言葉』一四〇―一四四頁、傍点原文）

愚の自覚、悪の自覚において、われらは名聞・利養・勝他という虚偽の善人根性をすてて、まっさらな飾り気のない平等心を自覚することができるのであろう。悪の自覚道とは、愚かな自己、生まれながらの自分自身に、対面し続けていく歩みである。そして、我が身の罪悪生死の事実を深く自覚するところに、絶対他力の大道が開顕される。われわれは曽我の了解を通して、悪の自覚道とは親鸞教学の根幹をなす思想であり、本願の仏道そのものであることを、あらためて教えられるのである。

## 註

（1）『歎異抄』第三条、『定親全』四、言行篇(1)、六頁。
（2）『歎異抄』第二条、『定親全』四、言行篇(1)、六頁。
（3）伊東慧明「曽我量深――真智の自然人」『浄土仏教の思想』一五、二二三―二二五頁、「解説〈信に死し願に生きよ　曽我量深――その人と思想〉」『真宗大綱　曽我量深講義録　下』二八四―二八八頁を参照。
（4）曽我量深「我如来を信ずるが故に如来在ます也」『選集』一二、一四三―一六六頁参照。
（5）『言葉』六〇頁。
（6）『真聖全』一、九頁。
（7）『仏説阿弥陀経』『真聖全』一、六九頁。
（8）『定親全』四、言行篇(1)、七頁参照。
（9）曽我の「真実の教え」にも同様の講説がある。詳しくは『選集』一二、三四七―三五四頁参照。曽我はそのなかで、「露悪者」という言葉について、夏目漱石の『三四郎』に教えられたと述べている。
（10）「精神主義と共同作用」『岩波』六、九七頁。
（11）「精神主義〔明治三十四年講話〕」『岩波』六、三〇三―三〇四頁参照。
（12）『定親全』一、五頁、傍点筆者。
（13）『定親全』一、一三八頁、傍点筆者。
（14）『教行信証』「化身土巻」では、善導の『観経疏』「玄義分」の文を引用して、「散は即ち悪を廃して、もって善を修す」（『定親全』一、二七八頁）と述べている。
（15）この文について、『真聖全』所収の『唯信鈔文意』（写本）には、「転ずというは、つみをけしうしなわずして善になすなり」（『真聖全』二、六二三頁）と記されている。

# 第Ⅱ部　清沢満之論

## 「他力門哲学」における覚醒の様相と内実

第一章

# 「他力門哲学骸骨試稿」の思想的位置

## 緒論

親鸞によって開顕された真宗教学は、江戸期までの宗学、いわゆる「伝統教学」を経て、明治期に入ると、西欧の近代思想と出会うことで大きな変遷を遂げた。西洋哲学や人間中心主義の近代的思想や価値観が流入するなかで、親鸞教学の問い直しという教学的営為が起こったのである。この新しい教学がいわゆる「近代教学」[1]であり、その端緒を開いたのが清沢満之である。

清沢は、それまでの封建的社会体制のなかで矮小化し習俗化していた親鸞思想を、一切の衆生を平等に救済する普遍的真理として、あらためて広く世界に公開しようとした。清沢の直門で浩々洞の同人であった曽我量深は、清沢の師恩・学恩を次のように顕彰する。

清沢先生の教えに依りまして、私は生れて始めて我浄土教と云うものが全仏教の本流である、と云うことを料らず知らして戴いた。是は清沢先生以前には全くない、断じてないのである。若し清沢先生が明治時代に御出世がなかったならば、恐らくは私共は此の他力の大道と云うものをば仏教中の浅薄な、下級の教え、斯う云う風に今でも思って居るに違いないのであります。（中略）清沢先生の大恩鴻徳と云うものは、一言すればそこにある。私は此の先生のお導きと云うものに依って、始めて我が御開山聖人の浄土真宗、他力本願の教と云うものの尊さを教えて戴いた。

（「清沢先生讃仰」『選集』一一、五―六頁）

清沢は、明治期まで全仏教の歴史のなかで支流、傍流と位置づけられていた浄土教、就中、親鸞の他力救済の教えを、唯一真実の仏道として再興した。すなわち清沢は、明治時代に出現した他力門仏教の革新者であった。曽我はこのように表白して、清沢の大恩・鴻徳を讃嘆している。曽我にとって清沢満之その人は、本願他力の教えを明らかにした先生であり、他力の信念を教示した善知識であったのである。

ところで、清沢の生涯のなかでも、一般的に〈前期〉もしくは〈哲学期〉と分類される時期[2]に執筆した論考で構想していた思想課題について、いまから十数年ほど前から、哲学思想の立場から積極的に究明されるようになった。哲学者の今村仁司は次のように述べる。

清沢満之のように、仏教求道者にして厳格な哲学的思索者という二重の側面をもつ人の場合には、どちらに重点を置くかによって、著作の選び方がかなり違ってくる。これまでの清沢像は、主として浄土真宗大谷派の近代教学を確立した仏教者としての側面を強調するものであった。（中略）

しかし、信念の人清沢のイメージが強まれば強まるほど、哲学者としての清沢の側面は陰にかくされる傾向があった。一読して誰もが気づくように、清沢満之の精神はきわめて厳格な理論的精神であり、可能なかぎり厳密に論理を構築する人であった。

（『現代語訳　清沢満之語録』四五三―四五四頁）

清沢には、自己の信念に生きた仏教求道者としての側面のほかに、厳密な哲学的思索者としての側面があった。しかし、それは単に仏教の概念を西洋哲学の言語で表現し直そうとしたのではない。清沢は仏教の思想、なかでも親鸞が開顕した他力の信念を、たとえば「有限」「無限」という西洋哲学の用語で捉え直し、論理的に再構築することによって、一切の存在に開かれた普遍的真理として顕揚しようとしたのである。ここに、哲学思想の側から大切な課題が問われている。

そこで第Ⅱ部では、清沢の初期の論考のなかでも、他力門哲学、すなわち浄土真宗の教理を究明した「他力門哲学骸骨試稿」（以下、「試稿」と略記）を中心に、その思想的意義について考究したい。「試稿」は、浄土真宗の思想の骨格を論理的かつ主体的に解明した著作であり、清沢における親鸞思想の受容と展開を端的に窺うことができる論稿である。

また今村は、清沢の最初の体系的著作である『宗教哲学骸骨』（以下、『骸骨』と略記）と「試稿」について、

彼の理論的土台を築いた『宗教哲学骸骨』、そしてそれを展開した『他力門哲学骸骨（試稿）』は、その後の彼のすべての書き物を内側から統括する基礎的な文献であるといっても過言ではない。

（『現代語訳　清沢満之語録』四五四―四五五頁）

と論じている。清沢の初期の論考を尋ねることは、直接にはその思索の原点を追究する歩みであるが、そこでの諸問題を考察することは、清沢の生涯を貫通する思想課題を推究する営為でもある。それは同時に、清沢における浄土真宗の了解を尋ねる上で、われわれに大切な視座を与えるであろう。

論を進めるなか（主に「第五章　他力門における覚醒の構造」）で詳述するが、「試稿」には、親鸞が開顕した浄土真宗の仏道との値遇によって、私たちにいかなる目覚め（宗教的覚醒）が恵まれるか、またその過程においてどのような歩み（信仰の歴程）を有するか、という推究を明確に窺うことができる。ここに、本書において「試稿」を考究する大切な意義がある。

## 第一節　宗教哲学の骸骨

まず本章では、清沢が『骸骨』と「試稿」を執筆するまでの行実、ならびに両著作の関係について確認したい。

明治二一（一八八八）年七月、二六歳の清沢は真宗大谷派の要請を受けて、東京での研究生活を切り上げ、京都府尋常中学校の校長として赴任した。しかし、明治二三（一八九〇）年七月、校長職を辞すると同時に、「ミニマム・ポシブルの実験」と称する厳しい制欲自戒の生活へと専念していく。このようなか、明治二五（一八九二）年八月に出版されたのが、宗教哲学の精髄を論じた『骸骨』

である。『骸骨』刊行の経緯については、友人の稲葉昌丸がその序文に次のように記している。

> 曩者徳永〔清沢の旧姓：筆者註〕満之君真宗大学寮生徒に宗教哲学を講ずるや稿を草する毎に余の為に其梗概を説く　余固より形而上の学に昧しと雖ども稍々宗教の何たるを解するを得たり　講既に終る　余屢々慫慂して其説を公にせんことをいう　君遂に勉強して請に応じ其稿を刪して六章となし以て授く　乃ち目次索引を作り印刷者に附す　君曰く此稿未だ完からず夫れ宗教哲学の骸骨と謂うを得ん歟と　因て以て名く　蓋し皮肉を賦与するは一に読者の選択如何に任せんとす　著者に於ては当時其意あらざるなり
>
> （『岩波』一、五頁）

清沢は、京都府尋常中学校で教鞭をとる傍ら、宗門の最高学府である真宗大学寮で「西洋哲学史」や「宗教哲学」などを講義した。本書は、明治二四（一八九一）年九月から翌年四月にかけて行われた「宗教哲学」の講義を、稲葉の要請に応じて纏め著したものである。「宗教哲学」とは、清沢の定義によれば「吾人の道理心を以て、諸宗教の原理を研究する学」[3]であるが、後年、安藤州一に対して「予は当時、『宗教哲学の骸骨』に記する所を以て、予の信仰の中心とし……」[4]と述懐しているように、当時の清沢にとって『骸骨』は、「信仰の中心」という意味を持っていた。また清沢は、明治二五年九月から翌年三月まで、真宗大学寮で本書をテキストにして「宗教哲学」を講じている。このことからも、清沢の宗教哲学に関する理解の精髄が、『骸骨』に披瀝されているということができよう。

『骸骨』の構成は、

第一章　宗教と学問

第二章　有限無限
第三章　霊魂論
第四章　転化論
第五章　善悪論
第六章　安心修徳

（『岩波』一、三―四頁）

の全六章四二節からなる。「宗教哲学の骸骨」という名が本書の性格をよく表しているように、『骸骨』は余計な贅肉を削ぎ落とし、小見出しともいうべき小節のもと、簡潔に整理した要論が列挙されており、宗教哲学に関する綱要が記されている。

今村は、「清沢の『宗教哲学骸骨』は、小著ながら首尾一貫した体系的著作である。彼の書き方は、説明を可能なかぎり圧縮して、要点と結論だけを記」しており、「簡単な説明のついた詳細目次を読むかのような印象を受ける」(5)と述べている。確かに『骸骨』を通読すると、前の章で論じられた要点や結論が次の章で発展・継承され、主題が実に論理的・連関的に展開されていることがわかる。

また西村見暁は、清沢が自ら名のった「骸骨」という号について、次のように論じている。

先生がここに、自ら骸骨と名づけられた心は何であろうか。思うに、骸骨という言葉には二つの意味がある。一つは骨格であり、他は屍骸である。骨格は、人体から、皮を去り、肉を除いた骨組であって、人体がそれによって支えられている根幹である。だからこの意味で、骸骨の名には物事の核心を把握しなければやまない、真理探求の一心がある。これに対して、人間の最後に至りつく相が屍骸である。生きているものが必ず屍骸になるというならば、生きているのは屍骸が生きているのである。骸骨の名は生の本質を死に見出された清沢先生の自覚を表わしている。かくて、この骸骨というのは、生死巌頭に立在する真理探求者の名である。(6)

(『法藏館』三、七五七頁)

西村によれば、「骸骨」には骨格・骨組みという意味のほかに、屍骸という意味があるという。先に確かめたように、清沢にとって『骸骨』は、自己の信仰の中心という意義を有していた。そこには、宗教の原理や核心を明らかにすることを通して、「生きるとはいかなることか」「自己の立脚地はどこにあるか」という、人間の普遍的真理を探究した清沢の足跡を確かめることができる。『骸骨』を通読すれば明らかなように、書名は「宗教哲学の骸骨」であるが、キリスト教を基底とする西洋の宗教哲学の概説や解説ではなく、仏教の思想を中心に宗教哲学の理論を構築している。したがって、『骸骨』執筆の根底を貫き流れるのは仏教の精神であるといえる。

ところで、この『骸骨』は野口善四郎によって英訳され、〝THE SKELETON OF A PHILOSOPHY OF RELIGION.〟(以下、〝SKELETON〟と略記)と題して、明治二六(一八九三)年五月に出版されている。その構成は全六章四四節からなるが、『骸骨』との主な違いは、すでに先行研究に明らかなように、(7)「第一章　宗教と学問」がINTRODUCTION. RELIGION AND SCIENCE. に相当し、新たに、CHAPTER I. RELIGION. が清沢自身によって加筆されている点である。また、野口が付した序文によれば、野口が一度英訳したものを清沢が校閲し、その大部分を清沢が新たに英訳したという。(8)これについて稲葉昌丸は、「野口善四郎氏が此の書を英訳して、師の校閲を請われましたが、其の訳が余り師の意に適わなんだと見えて、訳者の序文を除く外は、大方自分で新たに訳し、且つ「宗教とは何ぞや」の一章を加えられました(9)」と伝えている。このことからも〝SKELETON〟は、『骸骨』の構成と思想を推究する上で、併せて参照すべき重要な著作であるといえよう。

## 第二節　明治廿七八年の養痾

さて、四年間にわたる厳しい禁欲生活を続けた清沢であったが、明治二七（一八九四）年一月、東本願寺二一世・厳如逝去の葬儀の折、寒風のなか立ち続けたことから、「大谷風邪」と称する流行り風邪にかかった。そして、ミニマム・ポシブルの実験で、慢性的な体調不良に陥っていた清沢は、風邪をこじらせ、ついに当時不治の病とされていた肺結核に蝕まれることになる。

当時の清沢の状況は、次のように伝えられている。

二十七年一月十五日、厳如上人遷化。同月二十九日、新築中の大師堂より出棺。七条畑地にて葬儀を執行せらる。此の月中旬より悪性感冒流行し、葬式後益々甚だしく、世人呼んで大谷風と称す。厳寒中の葬儀に参列したる者、及び拝観者中之に罹りし者特に多かりし為なり。徳永君は昨年末より感冒の気味あり、大いに注意を要すべきに、亦た葬儀に参列し、寒風中に停立十数時間に及び、為に大谷風に感染して咳嗽頻繁なるにより、同人等は切に摂養せんことを注意せるも、

採用せられず。（『法藏館』三、七五〇頁）

これによれば、清沢は葬儀の前年（明治二六年）末から風邪気味であり、厳如の葬儀に参列したことで症状が悪化したという。稲葉昌丸や今川覚神といった友人が静養を勧めたが、清沢は忠告を聞き入れなかった。清沢は往事を回想して、次のように述べている。

私の感冒の放任と曰うものは、中々甚しかったです。先時日をいえば、凡そ半ヶ年、其放任の有様を申せば、当時ある一種の行者気取で居たものですから、常に魚肉の類を用いず、又薬なんどは、一切用いるには及ばないと曰う勢いでありました（中略）どうもあの時分の私は、実に我慢の極点に達して居ました。（「養病対話〔抄〕」『岩波』六、三五一―三五二頁）

このように約半年ほど、自身の病状が悪化するのを放任していた清沢であったが、明治二七年四月、ついに肺結核と診断され、友人らの強い勧めによって同年六月に京都を去り、播州垂水（現在の兵庫県神戸市垂水区）に転地療養することになった。当時の清沢の様子を、友人の井上豊忠は、「今までの徳永はこれで死亡した。この上はこの屍骸は諸君の自由に任せましょうと言われて、これより医師の言を固く守り、厳整周到医薬を事とせられた(10)」と伝えている。その垂水の病床で執筆したのが「試稿」である。

清沢は後年、往事を回想して、日記の上段に、

回想す。明治廿七八年の養痾に、人生に関する思想を一変し略ぼ自力の迷情を翻転し得たりと雖ども、人事の興廃は、尚お心頭を動かして止まず。乃ち廿八九年に於ける我宗門時事は終に廿九

卅年に及べる教界運動を惹起せしめたり。（「〔明治三十五年当用日記抄〕」『岩波』八、四四一頁）

と、そして下段に、

廿七年四月、結核診断。

養痾、法を得たるは沢柳、稲葉、今川、井上等諸氏の恩賜なり。

在播州舞子療養は廿七年六月より、廿八年七月に至る。（『岩波』八、四四一頁）

と書き記している。この「往事回想」の文によれば、清沢は明治二七、八年の養痾すなわち療養生活を転機として、人生に関する思想を一変し、自力の迷情を翻転し得たこと、また養痾を契機として法を得たことを確認できる。この頃、清沢の内面に一つの大きな質的転換があったことが窺える。

この「明治廿七八年の養痾」に、清沢の回心もしくは信仰の転換期を読み取ろうとする先行研究は多い。たとえば西村見暁は次のように述べている。

若し清沢先生に獲信の転期があるとすれば、ここに求め得るであろう。「人生に関する思想を一変し」というのがそれである。（中略）清沢先生にとって、明治二十七年の発病は、自力迷情の翻転を意味する大きな人生の転換期であった。（「清澤満之の俗諦的意義」『清澤満之の研究』一三七―一三八頁）

また、清沢が転地療養に際して井上に語った、「今までの徳永はこれで死亡した」の言葉を受けて、西村は「私はこの言葉の上に、清沢先生の信境転換の表現を見出すのである」[11]と述べ、「「今までの徳永はこれで死亡した。」というこの一語が清沢先生の生涯を二分した。自力の「骸骨」がみじんに砕けて、先生の前半生がここに終ったのである」[12]と論じて、明治二七、八年の養痾に、清沢の生涯を前後に二分する一点、すなわち獲信の時節を見定めている。

安冨信哉は「自力の迷情を翻転して」の言葉を受けて、次のように述べている。

それは、宗教への関心が理論的関心から救済論的関心へ移行したことを物語っています。先生が自らについて、有限な存在であり、その有限者たる我が「個」として存立するには、無限に媒介されねばならないという痛切な自覚を持たれたのは、結核発病という事態を経たことが大きいと思います。「自力の迷情を翻転して」とは、いわば理性によって立った「個」が本当に他力の信心によって立った「個」（宗教的「個」）へと転回したことを意味しています。

（「個立と協同──石水期・清沢満之を手懸かりとして」『親鸞教学』第八二・八三号、一〇五頁）

このように、明治二七、八年の養痾に信仰の転換、つまり清沢の回心を認める了解に対して、たとえば寺川俊昭は、明治三一（一八九八）年一〇月二四日の日記（「臘扇記」）の言葉に[13]、清沢における宗教的信念の確立を見出している。[14]

この点、清沢における宗教的信念の確立の時期を何時と見るか、そもそも一度限りと見るべきかなど、了解が分かれるところである。しかし寺川の指摘は、明治二七、八年の養痾に信仰の転換があったと了解すること自体を妨げるものではない。[15]清沢自身、「一変」「翻転」と記すように、ここに清沢における求道（「人生に関する思想」）の質的転換を確認することができる。

清沢は後年、自身が主唱した「精神主義」を語るなかで、自らの肺結核について次のように講話している。

世の人は、肺病と云う病気は、不治症の最も恐るべきものとして、嫌忌しますが、私は此病気になったのが、非常な良縁であったので、若し此病気にならなかったならば是れ程迄に宗教の真髄を味い、是れ程迄に如来の光明を認むることが出来なかったかも知れないのであります。其れ故私にとりては、此恐るべき病気と云う肺結核になったのが、実に幸福なのであります。

(「精神主義〔明治三十五年講話〕」『岩波』六、一七〇頁)

ここで清沢は、浄土真宗の真髄を了解し、如来の智慧の光明を感得できるようになったのは、死病ともいうべき肺結核にかかったおかげであり、自身にとっては非常に良縁であり実に幸福であったという。この述懐からもわかるように、肺結核の発病と療養生活、すなわち明治二七、八年の養痾は、清沢の人生において大きな転換点であった。

## 第三節　学事への憂い──「人事の興廃」

先の「往事回想」の文で、清沢は「人事の興廃は、尚お心頭を動かして止まず」と記している。この「人事の興廃」という出来事も、「試稿」執筆の動機に大きく関わっていると思うので、その背景を確認しておきたい。

明治二六年三月、かつて清沢が校長を務めた京都府尋常中学校が、京都府に返還されることになった。それに伴い、東本願寺は大谷尋常中学校を開設し、清沢の親友・沢柳政太郎を校長兼教学顧問として招聘した。また稲葉昌丸や今川覚神といった清沢の同志も、嘱託教員として宗門学事に携わることになった。清沢は、両堂再建と負債返却に腐心する宗門に対して、学事の振興が必要であると痛切に感じていた。

翌年七月、東本願寺二二世・現如から次のような垂示が出された。

宗門の弘通は教導に依り、教導の根柢は学問に基づく。況んや方今世間の文明駸々として日に進む。教導を職とするの輩、豈に忽諸すべきの時ならんや。是を以て明治七年以来、屢々大学寮以下制度を釐革し、教学の振起を企図すと雖も、未だ完全の効果を収むるに至らず。常に以て憾とす。今や幸に財務の整理其の宜しきを得たり。此の時に方り、将に勧学の基礎を定め、以て布教の大本を立てんとし、乃ち茲に一派の学制を更定す。末徒一般宜しく余が意を体し、教学の鍼路を愆ることなく、孜々黽勉、以て余が化導を翼賛すべし。

（『本山事務報告』号外〈明治二七年七月五日〉、『法藏館』五、一八六―一八七頁）

この垂示を受けて、大学寮と中学寮が設置されることになったが、そのことを垂水療養中の清沢に報告したときの様子が、次のように伝えられている。

七月二十九日、今川、稲葉は垂水に徳永君を訪い、大中学寮準備の模様を報告し、舞子に一泊して帰京せり。徳永君は多年の宿志稍々達せらるるを聴きて、大いに歓喜の色ありき。

そして同年九月、大谷尋常中学校は真宗第一中学寮と改称し、寮長に南条文雄、寮長事務加談に沢柳が就任、稲葉と今川はそれぞれ中学寮と大学寮の第二部主幹に任命された。ここに宗門の新学事体制が発足して、清沢の多年にわたる宿願は成就したかにみえた。

（『法藏館』五、二〇四―二〇五頁）

しかしながら、この宗門学制の根本的刷新は、一部の学生に受け入れられなかった。同年一〇月、真宗第一中学寮の学生二百余名がストライキ事件を起こし、本山執事の渥美契縁は沢柳を解職し、稲葉・今川の主幹職を解き大幅な減俸を行ったのである。このときの状況を、佐々木月樵と暁烏敏はそれぞれ次のように述べている。

二十七年九月より第一中学寮は開業されぬ。（中略）大谷派中学校之定服は洋服なりき。然れども新学制は、麻衣墨袈裟を以て之が定服と定められにき。是れ生徒所化の最も不満に思う所なりとす。

（佐々木月樵『法藏館』五、二二〇頁）

沢柳さんが校長になって本願寺の学校改革をやられた。今まで中学の生徒は洋服を着ていた。それを洋服を着ることはならん。縞の着物を着る事ならん。無地の木綿の着物を着る事にした。（中略）昨日まで洋服着ていい気になっていたものに、法衣を着て雲水のようなかっこうにさせられる。みんな弱った。色々な反対が起った。そこへ不純な分子の運動があって、学生がみなストライキを起した。そして生徒と本山の渥美さんらが一緒になって沢柳さん等を出しにかかった。

（暁烏敏『法藏館』五、二一七―二一八頁）

僧侶の養成、学事の振起を掲げた学制改革であったが、その新事業は頓挫した。事の顛末を垂水で聞いた清沢は憤慨した。稲葉らに宛てた手紙には次のように記されている。

折角今日迄に至りし事、且つは門外漢に対し、昨は大いに奮って之を聘用し、今は則ち忽ち解嘱の止むを得ざるに至る。一山の醜を天下に露するものに候わず哉。誠に憤慨の限りに候。（中略）大本山の下、諸賢位の在臨中にありて、突然此の始末に相成候とは、あまりに頼りなき儀に候わずや。

（明治二八〈一八九五〉年一月五日、『岩波』九、一〇一頁）

このような「人事の興廃」は、清沢自身、「廿八九年に於ける我宗門時事は終に廿九卅年に及べる教界運動を惹起せしめたり」と述懐するように、清沢らによる教団革新運動へと発展していくのであるが、先の手紙の二日後に、稲葉宛に次のような手紙をしたためていることが注目される。

今日ハ断然ノ御決心ノ時機到来ト存候　或ハ今暫時黙従盲順スルモ一策カトモ有之候エ共コハ却テ彼ノ狂慢ヲ増長セシメ徒ニ一門ノ教学ヲ汚濁スルノミニテ何ノ効果モナカルベク去リトモ目前直ニ暴挙ニ出候如キハ勿論不可為ニ有之　特ニ近々遷仏遷座ノ大儀式ニ向イ居候エバ今ハ只彼ノ大平楽ヲ擯斥シテ去リテ授業等ニハ寸毫モ手ヲ着ケズ遷仏遷座迄ハ熟考ノ時機トシテ其間ニ後来万ノ設計ヲ為シ候

（明治二八年一月七日、『岩波』九、一〇二頁）

清沢は、渥美ら宗門当局の暴挙に対して、断然決心の時機到来であるが、両堂再建の遷仏遷座法要（明治二八年四月）が済むまでは、「熟考の時機」であると述べている。この期間中に起筆したのが「試稿」であることを、心に留めておく必要があるだろう。つまりこの論稿は、自らの死生の問題のみならず、宗門学事への憤りをも内包しながら、宗教的信念の確立を浄土真宗の教義に尋ね当てた論考なのである。

## 第四節　二つの「骸骨」

「試稿」は、その表題がよく示すように、「他力門哲学」すなわち浄土真宗の教理の鋼格（「骸骨」）について記した論考であり、草稿（「試稿」）の形で残されたものである。清沢の生前には未発表の考究である。内容は全四五項目からなるが、そのうちの約半数に日付が記されており、明治二八年の一月末もしくは二月初めから三月末にかけて執筆されたことが窺われる。

本章の第二節で論じたように、この頃、清沢の内面に一つの大きな転機があった。それは、眼前に迫りくる自身の「死」という不可避の事実を通して、他力門哲学、浄土真宗の教えに自己の立脚地を尋ね当てることであった。この内面の転換について、徳田幸雄は宗教学的回心研究の観点から次のように述べている。

それは、学理による信仰の基礎づけや禁欲生活による実験といった自力に依り頼む在り方から、死生の観想を経て、他力救済による「安心立命」に足場を据える在り方へと至る転換である。この転換の要点は「他力救済の発見」にあったと言えるであろう。

（『宗教学的回心研究——新島襄・清沢満之・内村鑑三・高山樗牛』三三五—三三六頁）

徳田の指摘によれば、清沢の人生に関する思想の翻転とは、学問研究による信仰の確立や自己の身体を通しての実験という自力に対する執着から、他力救済による安心立命の実現へという実存的な転換であった。それは、自力無効の自覚の上に見出されてくる本願他力の救済であった。この点からも「試稿」は、清沢の思想形成や内面の変遷を理解する上で重要な著作であるといえる。

また、すでに先学によって明らかなように、「試稿」はその特徴的な題名や論の構成などから、『骸骨』と内容的に密接な関係にある。西谷啓治は次のように述べている。

これ〔「試稿」：筆者註〕は大体『宗教哲学骸骨』と、思想的基礎ないし骨組みにおいては非常に似ているものでありまして、それを他力門、真宗の信仰の立場から、いわば書き直されたものといってよいかと思うのです。(16)

（「清澤先生の哲学」『清澤満之の哲学と信仰』一六六頁）

また今村仁司は次のように指摘している。

これ〔「試稿」：筆者註〕は、基本的な内容面では、『宗教哲学』を踏まえつつ、主題は他力仏教の理論的構造を解明しようとするものである。『宗教哲学』における清沢の存在論（形而上学）は、有機組織の理論（英語版の用語でいえば有機的構成の理論）と呼ばれていたが、『他力門哲学骸骨』では、仏教縁起論（因縁因果の理論）としてあらためて展開される。その意味で、二つの著作は同一の事象を別の角度から扱ったものであり、ふたつは同一の構想の下にある双子著作といえる。

（『現代語訳　清沢満之語録』四五六頁）

このように「試稿」は、思想的にも体系的にも『骸骨』を踏まえ、未決の諸問題について他力門仏教の観点からさらに詳細に展開したものと位置づけることができる。事実、「試稿」の本文中には、『骸骨』を参照せよ」という指示や『骸骨』での考察を引用している箇所が見られる。したがって「試稿」は、『骸骨』で構築した哲学体系を基本構想として、さらに他力門仏教の思想について考究した論考であるといえよう。

さて、「試稿」の構成について、安富信哉の整理(17)によりながらまとめると、次の通りである。

〔一〕総説
〔二〕〜〔一一〕有限無限論
〔一二〕〜〔一六〕心霊論
〔一七〕〜〔二〇〕神仏論
〔二一〕〜〔二九〕仏徳論
〔三〇〕〜〔三四〕浄土論
〔三五〕〜〔四五〕転迷開悟論

これらの項目を一項ずつ読み進めると、それは問題提起と応答によって織りなされていることに気づかされる。清沢は、他力門仏教の学的課題を、哲学の体系を基底として展開しようとする。しかし、仏教の道理を哲学的に推究していく限り、そこには自ずと齟齬が生じるであろう。なぜなら、仏教が課題とする「救済」や「覚醒」という問題は、本質的には論理の言葉で語り尽くすことができないからである。しかし、その道筋を首尾一貫して厳密に解明しようとする試みは、単なる知的関心からではなく、有限と無限の間に存在する根本撞着を乗り越えて、無限への通路を切り開こうとする清沢の実存的要求の表れにほかならない。ここに、自己の救済を他力門哲学に尋ねた求道者としての清沢の姿を、明確に見ることができる。

ところで、「試稿」の構成や思想内容について、『骸骨』と比較・対照しながら考究する意味はどこにあるのだろうか。あらためて今村の言葉に確かめてみたい。

『他力門哲学骸骨』は、本巻〔『岩波』一・筆者註〕の『宗教哲学骸骨』から出発した一層の展開であり、自覚的に仏教他力門の思想を厳密な意味での哲学体系として展開しようとする野心的な試みであった。したがって本巻の『骸骨』以降の展開を知ろうとするならば、是非とも第二巻の「他力門哲学骸骨試稿」を読まなくてはならない。厳密にいえば、二つの『骸骨』がセットになって清沢の哲学的思索の全体をなしているからである。（『岩波』一「解説」、四三七頁）

今村は、『骸骨』以降の学的展開を検討するならば、「試稿」も併読しなければならないという。なぜなら、「二つの著作は同一の事象を別の角度から扱ったもの」だからである。換言すれば、「試稿」の思想的独自性を推究するためには、『骸骨』の考察も同時に必要であるということだろう。

さて、「試稿」の思想内容を考究する前に、主題に即した篇別構成、すなわち学的部門構成について確認しておきたい。著作はそれ全体によって一つの学的課題を担っているが、そのなかには相互に関連しながらも独立した学的部門がある。今村の指摘(18)によりながら『骸骨』と「試稿」の篇別構成を整理すると、次のようになる。

『骸骨』

0．序論―「第一章　宗教と学問」

1．存在論（有機組織論）―「第二章　有限無限」

2．人間学

（a）人間精神（霊魂）の特殊性―「第三章　霊魂論」

（b）有限万物の生成と消滅―「第四章　転化論」

3．実践哲学（倫理的修行論）

（a）道徳的善悪論の変革―「第五章　善悪論」

（b）他力仏教の倫理―「第六章　安心修徳」

「試稿」

0．序論―「〔一〕宗教」

1．存在論（有限無限論）―「〔三〕無限」〜「〔一一〕補訂」

2．人間学（心霊論）―「〔一二〕心霊」〜「〔二〇〕汎神論万有開展論」

3．実践哲学（修行論）

（a）他力仏教の倫理―「〔二一〕自利利他〔上〕」〜「〔二九〕無限之因果」

（b）救済論（浄土論）―「〔三〇〕願行成就（無限之因果）」〜

「〔三四〕有限ノ信心（花開蓮現）」

（c）覚りの境地—「〔三五〕有限」～「〔四五〕信後風光」

このように整理した場合、『骸骨』と「試稿」はそれぞれ対応する三篇（「序論」は除く）から構成されていることがわかる。すなわち、「1．存在論（オントロギー）」「2．人間学（アントロポロギー）」「3．実践哲学」である。

また加来雄之も、『骸骨』はそれぞれの章が明確な選択を持っていると述べ、『骸骨』に対して今村と同様の分類を行っている。

(1)宗教と呼ばれるものの普遍性を、有限な存在が無限に対向する関係として見極め、（第一章　宗教と学問（Introduction Religion and Science, Chapter I Religion）、第二章　有限無限（Chapter II Finite and Infinite））

(2)その有限と無限の関係を自覚する主体と、有限から無限への転化を明らかにする原理として仏教の因縁の理法（Law of Cause and Condition）を選び取り、（第三章　霊魂論（Chapter III The Soul）、第四章　転化論（Chapter IV Becoming））

(3)さらに有限なる存在にとって、その理法を自覚する実践的方法として他力門を選び取るのである。（第五章　善悪論（Chapter V Good and Bad）、第六章　安心修徳（Chapter VI Peace of Mind and Culture of Virtue））

（「『宗教哲学骸骨』（The Skeleton of Philosophy of Religion）の意義——選択と実験に基づく思索」『真宗総合研究所研究紀要』第一一号、一二頁）

いま、両者の指摘を手がかりとして、『骸骨』と「試稿」の構成と展開について大別すると、
（1）宗教とは何か〈序論〉
（2）有限存在と無限存在はいかなる関係にあるか〈存在論〉
（3）有限存在はいかにして無限存在へと転化し得るか〈人間学〉
（4）有限存在にとって無限へ至る修行とはいかなるものか〈実践哲学〉
という諸問題を論じているといえる。二つの「骸骨」は、上述の道筋を経て、宗教、就中、仏教（「試稿」の場合は他力門仏教）の思想を論理的に解明しようとする。

したがって、第Ⅱ部も同様に、この構成と展開にしたがいながら、「試稿」の思想内容を中心に考究していきたい。

## 註

（1）「近代」は辞書によれば、「①今に近い時代。近ごろ。②(modern age) 歴史の時代区分の一つ。広義には近世と同義で、一般には封建制社会のあとをうけた資本主義社会についていう。日本史では明治維新から太平洋戦争の終結までとするのが通説」（『広辞苑』）とある。本書においても、「近代」を明治維新以後と理解する。しかし、日本における「近代」の概念は、いまだ明確になっていないと思う。これについては、あらためて考究すべき重要な問題であろう。
（2）清沢の生涯あるいは思想について、これまで前期（哲学期）と後期（宗教期・信念期）に大きく二

分する見方が一般的であった。しかし近年、このような固定観念を批判的に再検討して、清沢の思想に一貫性を見出そうとする研究や議論が盛んである。詳しくは、山本伸裕・碧海寿広編『清沢満之と近代日本』、長谷川琢哉「『宗教哲学骸骨』再考――「前期」清沢満之における哲学と信仰」（『現代と親鸞』第三四号）などを参照。

（3）「宗教哲学骸骨講義」『岩波』一、五一頁。

（4）『信仰坐談』『岩波』九、四三五頁。

（5）『現代語訳　清沢満之語録』四六一頁。

（6）この西村の了解については、すでに加来雄之が指摘している。詳しくは、「『宗教哲学骸骨』（The Skeleton of Philosophy of Religion）の意義――選択と実験に基づく思索」『真宗総合研究所研究紀要』第一一号、一四頁を参照。

（7）『清沢満之「哲学骸骨」集』解題、および田村晃徳「清沢と学問」（『真宗教学研究』第二七号）などを参照。

（8）〝SKELETON〟『岩波』一、一五〇頁参照。

（9）『法藏館』三、七〇一頁。

（10）『法藏館』三、七五五頁。

（11）「清澤満之の俗諦的意義」『清澤満之の研究』一三九頁。

（12）『清澤満之先生』一四一頁。

（13）「自己トハ何ゾヤ　是レ人世ノ根本的問題ナリ　自己トハ他ナシ　絶対無限ノ妙用ニ乗托シテ任運ニ法爾ニ此境遇ニ落在セルモノ即チ是ナリ」（『岩波』八、三六三頁）。

（14）寺川俊昭『清沢満之論』一四二―一四三・一四七・一六七―一六八頁参照。

（15）寺川もまた、「これ〔療養生活：筆者註〕を機縁として彼の精神生活は一転する」（『清沢満之論』八八頁）と述べ、清沢自身が「「略ぼ自力の迷情を翻転し得たり」と述懐するのであるから、（中略）一つの宗教的翻りであったに違いない」（同前、一四七頁）と論じている。

（16）この西谷の了解については、すでに加来雄之が指摘している。詳しくは、「解説「哲学骸骨」という課題」『清沢満之「哲学骸骨」集』二〇九頁を参照。

（17）安冨信哉『岩波』二「解説」、四二三頁参照。

（18）今村仁司「清沢満之における「他力門哲学骸骨試稿」の思想的意義」『現代と親鸞』第九号、一六七―一七二頁参照。

第二章

# 清沢の「宗教」観

## 第一節　『骸骨』における「宗教」

本章では、『骸骨』と「試稿」の両著作において、清沢満之が「宗教」をどのように了解していたかについて考究したい。清沢は『骸骨』の「第一章　宗教と学問」で、「宗教心」について次のように定義している。

古来宗教起原の論区々にして一定せずと雖ども畢竟するに吾人に於て之を提起すべき性能あるに由るなり　此性能を名けて宗教心という　（『岩波』一、五頁）

宗教がなぜ存在するかといえば、それはわれわれ人間に宗教を引き起こす性質・能力があるからであり、その性能こそが宗教心と呼ばれるものである。『骸骨』の英訳版である〝SKELETON〟では「the religious faculty」(1)、「宗教的能力」と英訳されている。したがって宗教心は、われわれに本来的・

潜在的にそなわっている心であり、人間に内在する心の一つのはたらきである。

しかし清沢は、宗教心が他の心のはたらきと違うのは、向かうべき対象が異なるからであると指摘する。そして、その宗教心の対境について次のように述べる。

宗教心には其発達に種々の差等ありて一準ならずと雖ども他の心用と別なる所以は其宗教心たる本性に於て皆同一なるにあり　即ち他の心性作用は大抵皆有限の境遇に対向すと雖ども宗教心は之に異りて無限の境遇に対向するなり　　（『骸骨』『岩波』一、六頁）

宗教心以外の心の作用は有限の境遇に対向するが、宗教心は無限の境遇に対向する。では、清沢のいう「無限の境遇」とはいったい何であろうか。清沢が真宗大学寮で「宗教哲学」を講義した際の筆録「宗教哲学骸骨講義」（上杉文秀筆記・暁烏敏校合）によれば、「無限」を次のように定義している。

無限とは神、仏、真如、等に名づけたる也。これ説明に便なるを以て也。哲学上にて、本体、本質、絶体、無碍、不可知的、無覚、真理、理想などと云う。無限とは総て之等を代表せしむる為に用いたる語也。　　（『岩波』一、五七頁）

これによれば、無限とは、神・仏などの宗教的概念から、本質・真理などの哲学的概念に至るまでを包括する総称であり、その内実は厳密に定義されていない。それは一つには、この講義が宗教全般を広範に論じるという課題を有していたからであろう。そしてさらに、『骸骨』で「宗教に古今東西種々の不同あるは宗教心発達の差等あるによれるものなり」[2]と述べるように、世界にさまざまな宗教が存在するのは、宗教心が対向する対象の差異によるからであるとの基本的理解が、その背景にあったからであろう[3]。

しかしながら、清沢が講義で使用した『骸骨』に挟まれていた紙片には、有限と無限の対応について、善導の六字釈によりながら、たとえば、

南無者有限也、阿弥陀仏者無限也、故南無阿弥陀仏者有限無限之一致也。

南無者機也、阿弥陀仏者法也、故南無阿弥陀仏者機法一体也。（中略）

南無者生死也、阿弥陀仏者涅槃也、故南無阿弥陀仏者生死即涅槃也。（中略）

南無者一切衆生也、阿弥陀仏者悉有仏性也、故南無阿弥陀仏者一切衆生悉有仏性也。

（「〔南無阿弥陀仏〕」『岩波』一、四九―五〇頁）

など、一九の解釈が記されていたことに注意すべきである。清沢は「宗教は有限無限の調和（対合、コルレスポンデンス）也」「宗教は有限の無限に対する実際也[4]」と述べる。ここに、清沢が宗教を考究する際の鍵概念となる「有限」と「無限」が提起されるが、有限と無限の調和、一致は、「南無阿弥陀仏」の一念に実現すると考えられていた。したがって、清沢による宗教の推究の基底には、浄土真宗の根元語である「南無阿弥陀仏」が憶念されていたことが窺われる[5]。

## 第二節　道理と信仰

次に清沢は、「道理心と宗教心」という一節を立て、「道理心」と「宗教心」の関係について明らか

にしていく。

無限に対向するものは宗教心のみに限らず道理心も亦無限に関係し得るに非ずや　曰く然り　道理心も無限に関係なきにあらず　然れども道理心は無限にのみ関係するにあらず有限にも関係するなり　彼の諸多の学問は皆道理心が関係する区域を表するものと謂うて可なり　而して其中に於て唯々哲学は道理心の無限に関係する区域を表するなり

（『骸骨』『岩波』一、六頁）

「道理心」は有限に関係して諸々の学問を生み出し、また「宗教心」と同様、無限に関係して「哲学」という学問を成立せしめる。では「道理心」とは何か。〝SKELETON〟によれば、それは「the intellectual faculty or reason」(6)と英訳されている。「知的能力または理性」(7)、つまり人間にそなわる知的なはたらきと理解できよう。清沢は、理性の学問としての「哲学」と信仰の歩みとしての「宗教」、換言すれば「道理心」と「宗教心」は、ともに無限に対向し関与するものと明らかにしている。

では、両者はいかにして無限と関係するのだろうか。清沢はそこに重大な差異を見出していく。

然るに道理心が無限に関係すると宗教心が無限に関係するとは大に異なり道理心の関係するは之を追求するにあり宗教心の関係するは之を受用するにあり　先に対向すと言えるは即ち是なり今少しく之を弁明せば道理心は無限の真否を疑いて之を研究し之を討尋して終に之を窮尽せんとす　故に若し明々確々之を獲得すれば哲学の無限に関係する事業は終結す　然るに宗教心は第一着歩に無限の実存を確信し之に対向して以て其感化を受けんとするなり

（『骸骨』『岩波』一、六頁）

清沢は、道理心は無限を「追求する」のに対して、宗教心は無限を「受用する」と明らかに区別する。〝SKELETON〟では、「追求する」は「investigate」[8]、「受用する」は「believe」[9]と英訳されている。このことから、「追求」とは「調査」「研究」の意であり、「受用」とは「信用」「信受」することを意味している。つまり道理心は、無限を論理的に研究し探求することによって真理を獲得しようとする心的作用であるのに対して、宗教心は無限の存在を実際に確信し信仰することを根本として真実に至ろうとする心のはたらきである。

この両者の相違について、清沢は次のようにも述べている。

無限ニ対スル智的関係ハ哲学ニシテ情的関係ハ宗教ナリ

有限ノ無限ニ対スル関係｛智的——哲学／情的——宗教｝

（「〔宗教哲学　端緒〕」『岩波』一、二九七頁）

また清沢は、

無限——有限　理論ハ哲学

無限——有限　実際ハ宗教

（「〔有限無限　十図〕」『岩波』一、三七二頁）

という図を記して、「理論ハ哲学」であり「実際ハ宗教」であると示している。これらの記述からも、哲学と宗教、あるいは道理心と宗教心の差異を明確に知ることができる。

ところで、清沢は「宗教哲学骸骨講義」で、「宗教哲学とは、吾人の道理心を以て、諸宗教の原理を研究する学也」[10]と定義している。宗教哲学とは宗教的原理を論理的に究明する学道である。この清沢の定義は、『骸骨』の「道理と信仰」という一節で明確に窺うことができる。

> 宗教の宗教たる所以の本性に於ては信仰を根本と為すと雖ども若し夫れ宗教内の事に疑あるに当りては豈に道理の研究を拒まんや　特に宗教に達する行程に於ては屢々道理の最も須要なることあり（中略）是に於て注意すべきは宗教は信仰を要すと雖ども決して道理に違背したる信仰を要すと言うにあらず　若し道理と信仰と違背することあらば寧ろ信仰を棄てて道理を取るべきなり何となれば真の道理と真の信仰とは到底一致に帰すべきものなれども道理は之を正すに方あり信仰は之を改むるに軌なければなり
>
> （『骸骨』『岩波』一、七頁）

清沢は、宗教の本性は信仰を根本とするが、道理すなわち理性に相反する信仰は必要としないと述べる。真の道理と真の信仰は本来一致すべきであるが、もし道理と信仰とが違背するならば、道理の側に立つべきであるという。この清沢の主張について、今村仁司は次のように論じている。

> 一般的には、（悟性的に）「知る」ことと（悟性を越えて）「信じる」ことは混同できないところがあるし、「信」の世界は「知」を越えているともいえる。通常の理性的知から連続的に信が生まれるわけではない。両者は、たしかに、別次元の問題である。けれども、（中略）両者が反発するとき、宗教は空虚になり、狂信に転化する。
>
> （『清沢満之と哲学』一二五―一二六頁）

人間の理性がなくても信仰は存在し得る。しかしながら、その信仰は本質的に主観的であり、独断や偏見が生じる危険性を孕んでいる。それに対して理性は、信仰間の矛盾や衝突を矯正して、信仰のありように正当な内実と方向を指し示すものであり、宗教において必須不可欠なものである。

しかし清沢は同時に、道理について「其性質不完全を免れざるものなるが故に人若し単に道理の一方に固着すれば或は終に宗教の地位に達する能わざるやも保し難し[11]」と押さえた上で、次のように論じている点は注目すべきである。

道理なるものは事物に当りて常に其理由を求めて止まざるものなり　故に甲を認むるに当りては其理由とする乙を求め乙を得るに及では又其理由丙を求め丙を得ては丁を求め丁を得ては戊己を求むる等愈得れば愈進み到底休止する所なきが道理の原性なり　故に若し道理にして休止立脚の点を得んと欲せば其点は当に一信仰たるべきや必せり　故に道理は到底信仰に依らざる能わざるなり

（『骸骨』『岩波』一、七頁）

清沢は、道理の追求はやむことがなく、その休止の立脚点を得るためには信仰によらざるを得ないという。そして、もし道理だけに固執するならば、最終的に宗教の地位に到達できるかどうか保証しがたいとも述べる。もちろんこれは、道理自体を否定する言葉ではない。しかし清沢が、信仰がそれ自身の内に孕んでいる問題だけではなく、道理の性質の不完全性をも「真理探究者の常に省察すべき所の一点[12]」と押さえている点には注意すべきであろう。この指摘は、その後の「試稿」にも確認することができる。

哲理ハ此ノ如キ反説ノ両立ヲ許サザルナリ　故ニ二者ヲ討究シテ終ニ契合セシメントシ其論弁停（休）止スル所ナシ　然ルニ宗教ハ其内ニ就テ或ハ一ヲ採リ或ハ他ヲ採リテ之ヲ信仰スルガ故ニ茲ニ初メテ実践ノ基趾ヲ得ルニ至ル　（「〔六〕自他力二門」『岩波』二、四八頁）

この文章は、直接には、相反する教門である自力門と他力門について論じている箇所であるが、『骸骨』で指摘した道理（ここでは哲理、すなわち哲学）の問題点を挙げている。宗教は、自力門と他力門という相反する二説の、どちらか一方を信仰することによって実践の基礎を獲得する。それに対して哲学は、相反する説の両立を許さず、検討・考究して統合しようとするが、しかしその議論が停止することはないのである。

さて、清沢にとって道理と信仰は、「互に相依り相助くべきものにして決して相害し相容れざるもの」[13]ではなかった。清沢にとって両者は、両輪のような関係であり、どちらかが欠如したり、あるいは間違った方向に行ったりすれば、無限にはけっして到達し得ないと了解されていたのである。

以上が、『骸骨』における「宗教」観である。

## 第三節　死生の問題

次に、「試稿」における「宗教」観を推究するが、その前に、播州垂水に転地療養した清沢にとって、どのような問題が日々現前していたかを、清沢自身の日記に確かめておきたい。

肺結核に倒れた清沢が、療養生活中に記した日録の類として、「病床日誌」「病床左録」「保養雑記」「療養雑記」が現在残っている。清沢は結核の診断が下された日（明治二七〈一八九四〉年四月二〇日）の晩から「病床日誌」を書きはじめ、見舞客・病状・診察などの様子を簡潔に記している。そして、「喀血」「痰血」「止血剤」[14]投与等の病状を記録していることからも、結核が徐々に進行している状況が窺われるのである。

「病床日誌」に続いて記した「病床左録」は、垂水に転じてからのものである。日記というよりは『蓮社高賢伝』や『高士伝』を読んだ抄録であるが、そのなかに出てくる「林類」「栄啓期」という人物が、死生の問題について述べている箇所を日記に抜き書きしている。[15]日々、喀血や微熱といった症状に直面していた清沢にとって、死生の問題は現実の問題、すなわち自己の実存的問題として、眼前に大きく横たわっていた。

そして「保養雑記」では、宗教と死生の問題との関係について次のように記している。

宗教の定義数多ありと雖も、其の最も簡適なるものは「宗教は死生の問題に就いて安心立命せしむるもの也。」と云うにあり。（中略）吾子今宗教を蒙昧時代の遺物なりと云うて之を廃棄せんとする乎。乞う死生の事も蒙昧時代の遺物なれば亦た之を廃棄せよ。否、死生の問題は自主自立の問題にして、寧ろ吾子其の人を廃棄するも決して吾子のために廃棄せらるるものにあらず。何となれば、吾子の廃棄するもせざるも、共にこれ生中の行為なり。死中豈に廃棄不廃棄あらんや。而して生中の事は只だ死生の一偏に過ぎず。一偏の力を以て全体を左右せんとす。豈に得べけんや。之を得べしと云うは即ち自家撞着なり、自棄自殺なり。無宗教家の言此の如く自棄自殺せば、宗教家の言豈に自主自立せざるを得んや。果して然らば死生の関門を守護する宗教其の物は、是ぞ吾人の尤も慎重討尋せざる可からざるものたるや論を待たざる也。

（明治二七年九月六日、『岩波』八、一一一―一一二頁）

無宗教家は「宗教は蒙昧時代の遺物に過ぎないから、廃棄すべきである」という。では、死生の問題も蒙昧時代の遺物として廃棄できるだろうか。否、死生の問題は自主自立の問題であり、「宗教は死生の問題に就いて安心立命せしむるもの也」、すなわち、われわれの死生の問題について「心の平安」を賦与するのが、宗教本来の目的である。したがって、死生の問題に大きく関わる宗教こそ、もっとも慎重に討究されなければならない。清沢はこのように述べて、無宗教家の言説を「自家撞着」「自棄自殺」と厳しく批判する。清沢にとって宗教とは、蒙昧時代の遺物などではもちろんなく、人間の普遍的要求――自己の死生の問題について、心の平安を獲得したいと願う根源的欲求に応えるものである、と了解されていたのである。

「試稿」執筆の期間中、清沢は「療養雑記」のなかで、家族や友人に宛てた短い遺書を七通書き残している(16)。したがって、日々の療養にもかかわらず、結核が徐々に進行して、病状はけっして芳しくなかったことが窺われる。清沢は死病である肺結核を患い、まさに死と隣り合わせの緊迫した状況のなかで、自らの「安心立命」を宗教に祈求した。死生の問題の推究は、先に確かめた明治二七年九月六日の記述以降、日記上に色濃く表出する。翌九月七日の日記には、次のように記されている。

生死は相代の法なり。有限無限、可思議不可思議等も亦た然り。故に生は有限なり可思議なり。死は無限なり、不可思議なり。

生や有限なり、以て限定し得べし。(Determinable)

死や無限なり、以て限定し得べからず。(Indeterminable)

生や可思議なり、以て思測し得べし。

死や不可思議なり、以て思測し得べからず。

果して然らば死を限定し思測せんとするも決して能わざるなり。

是れ死事の幽冥なる所以なり。

大人の心は死生を一にすと、如何なる意なりや。

曰く死生相代の理に達せずして偏に生を愛し死を憎む。是れ常人の通迷なり。然るに死生もと相代の法なる故に、愛しても生に尽くる時あり、憎みても死に来る期あり。只だ夫れ大人は二者相代の理に達す。故に生と聞くも強ちに着せず、死と報ずるも強ちに避けず。死生に対し其の情を均しくす。其の極や生即死、死即生、生死無差別、即ち涅槃那の妙境に住す。是れ之を死生為一の玄廊と云う。

(「保養雑記」『岩波』八、一一四―一一五頁)

生は死生の一部であり全体ではない。生死一如であり生死即涅槃である。にもかかわらず、生という一部、つまり不完全なものに執着し、その一部をもって全体、すなわち完全なものと誤解するところに煩悶苦痛が生じる。清沢は死生の問題をこのように了解する。それは死生のただなかにありながらも、死生をともに超える道を探求していたからに違いない。ここに清沢は、「生即死、死即生、生死無差別、即ち涅槃那の妙境」と了解することを通して、死生相代、生死一如の観想へと至る。そして翌々日（九月九日）の日記では、

宗教は死生の問題に就いて安心せしむるもの也。若しそれ死生を差別して相離れたるものとする間は、安心に至らざる也。何となれば、死生の相別離せる間は二者輾転して止まることなし。是に於いてか不安心あり。若し夫れ死生を一にせば二者の相代あるも、不変不動常住唯一なり。是に於いてか安心あり。（「保養雑記」『岩波』八、一一八頁）

と記して、あらためて「宗教は死生の問題に就いて安心せしむるもの也」と自身に確かめた上で、われわれは本来、死生を並有する存在であり、その死生の一致に目覚めることを「安心」の内容とするのである。

このように清沢は、「保養雑記」において、死生に関する想念を繰り返し述べ、自分自身に問い尋ねている。死病を患った清沢にとって死生の問題の究明は、まさに現実の切実な問題であり、自身の精神的苦悩からの解放、すなわち自己の救済という主体的課題そのものであった。そして、自己の内心に現前する煩悶憂苦からの解放を願う清沢の究極的欲求は、生きた宗教的信念として、また実存的課題として、次第に他力門哲学、すなわち浄土真宗における救済の道理を自身に問わしめていくことになる。したがって、この頃に記された「試稿」は、自身の死に直面しながらの、まさに遺言ともいうべき懸命の思索であったことが窺えるのである。

## 第四節 「試稿」における「宗教」

清沢は「試稿」の「〔一〕宗教」において、「宗教」を定義する際に、まず〝SKELETON〟で列挙した一二項目の定義を再提示した上で、宗教の日的を次のように端的に述べる。

其目的トスル所ニアリテハ彼此一様ニ皆安心立命ヲ求ムルヲ以テ極致トスルニアルガ如シ　是レ即チ宗教ノ本相ヲ示スモノニシテ亦其必須不可欠ノ要事タルヲ説クモノナリ

（『岩波』二、四一頁）

たとえば、宗教は「心を平和な状態にし、人生に落ち着きを与える技ないしは実践である」、あるいは「自分自身の真の本性についての知的直観である」など、その定義はきわめて多様である。[17] しかしその目的は、要するに「安心立命」、すなわち心の平安を求めることを最終到達点とする。清沢は、これこそが宗教の本来の相を示すものであり、また宗教にとって必須不可欠の重要な事柄を説くものであるという。

では、われわれにとって宗教の必要性はどこにあるのか。なぜ宗教は必須不可欠の大切な教えなのか。清沢は次のように明言する。

其目的トスル所ノ安心立命トハ他雑多ノ要法ト同ジク抜苦与楽ノ要事ナレバナリ（中略）吾人ノ歓楽苦痛ナルモノハ其数千種万様ナリト雖ドモ其要全ク精神的ノ現象ナルガ故ニ今其精神ノ本源

ニ就テ安心立命ノ大楽ヲ与タル宗教ハ是レ則チ必須不可欠ノ要法ナリト云ワザル可カラザルナリ（「〔二〕宗教」『岩波』二、四一―四二頁）

われわれ人間は、苦楽を離れて現実の生活を営むことはできない。否むしろ、苦楽に左右されながら生存している。このような人間に対して、宗教の目的である「安心立命」は「抜苦与楽」、すなわちわれわれの苦を除去し楽を施与すると清沢は述べる。そもそも苦痛や歓楽は、人間の精神的・感情的な現象であり、苦痛は自分の心の内部と外界の状況が適合しない場合に生じ、逆に歓楽は心の内部と外界の状況が合致する場合に生起する。したがって、精神の根本の不安を取り除き、安心立命の大楽を与える宗教は、人間にとって、また社会にとって、必須不可欠の大切な教えなのである。

清沢は、宗教の重要性を説くために、宗教に対する三つの誤った見方を提示する。一つは「宗教ヲ以テ全ク好事家ノ一業ノ如ク看過スル[18]」ことであり、二つは「目的タルベキ宗教ヲ以テ手段タルベキ政治ト其所ヲ変ントスル[19]」ことであり、三つは「宗教ヲ以テ不開時代ノ遺物開明世界ノ厄介物ナリト云ウ[20]」ことである。これは前節で確かめた「宗教は蒙昧時代の遺物に過ぎない」という言説を強く意識したものであろう。清沢は、世間のこのような間違った考え方によって、宗教がその有益性を発揮することができないという。宗教は、ある特定の人間のみが関心を持つようなものではなく、また未開時代の遺物や文明世界の厄介物でもない。世の古今東西を問わず、人間の普遍的課題に応答するものである。

では、われわれはいかにして「安心立命の大楽」を得ることができるのか。清沢は次のように論じる。

吾人ノ生活ガ有限ナル範囲内ニ止ル間ハ到底安心立命ノ大楽アル能ワザルナリ　何ントナレバ《諸行ハ無常》有限ノ境界ハ其大ナルト小ナルトヲ問ワズ早晩遂ニ変動ヲ免カレザルガ故ニ一種ノ境遇ニ対シテ精神ヲ適合スルモ其モノ変ジ去レバ亦歓楽随テ消散セザルヲ得ザルナリ（中略）故ニ安心立命ノ大楽ヲ欲スルモノハ有限ノ範囲ヲ去リテ無限ノ境遇ヲ求メ之ニ対シテ精神ノ適合ヲ求メザル可カラザルナリ

（「〔一〕宗教」『岩波』二、四三頁）

われわれの生活が有限の範囲内、すなわち「諸行無常」の境界にとどまる限り、自己の境遇の変動を免れることはできず、抜苦与楽は到底あり得ない。したがって安心立命を願う者は、有限の領域を離れて「無限の境遇」を求め、これに対して精神を適合させなければならない。清沢はこのように述べて、さらに次のように続ける。

果シテ一タビ無限ノ境遇ニ対シテ安心センカ　此境遇ハ永久不変ニシテ嘗テ《涅槃寂静》動転ノ煩累ナキガ故ニ其歓楽亦永続不変ニシテ如何ナル苦境ノ来投スルコトアルモ能ク之ニ対シテ精神ノ安泰ニ全ウセシムルニ至ル　所謂抜苦与楽ノ真相是ニ於テカ瞭然タルヲ得ベシ

（「〔一〕宗教」『岩波』二、四三頁）

もしひとたび「無限の境遇」において安心を得たならば、いかなる苦境が到来しても、これに対して精神の安定を全うすることができる。このように清沢は、安心立命のためには、有限な存在は永久不変の「無限の境遇」と一致することが必要であると説く。

では、「無限の境遇」とはいったい何であろうか。清沢は「試稿」の「〔二〕無限」において、スピノザの「神」の定義を援用しながら、「無限ノ属性ニ於テ無限ナルモノナリ　時間ヲ問ワズ空間ヲ問ワズ徳性ヲ問ワズ　凡ソ吾人精神作用ノ境遇トナルベキ一切ノ点ニ於テ無限ナルモノ[21]」と定義する。そして、これを哲学の用語で説明すれば、「主観的ニ無限ニシテ亦客観的ニ無限ナルモノ[22]」であり、また宗教的に表現すれば、「自利的ニ無限ニシテ亦利他的ニ無限ナルモノ」「智恵ニ於テモ無限ニシテ慈悲ニ於テモ亦無限ナルモノ[23]」であると述べて、さらに次のように論じる。

宗教上精神ノ対境トナルベキモノ之ヲ称シテ悲智円満ノ尊体ト云ウ　阿弥陀仏トハ之ニ対スル梵語ナリ（阿弥陀仏トハ無量寿光覚者ト云ウ意也　無量寿トハ慈悲円満ノ表号ニシテ無量光トハ智恵円満ノ表号ナリ　又仏トハ最尊ノ称号ナリ）　（「〔二〕無限」『岩波』二、四四頁）

ここで清沢は、宗教上、精神を適合させるべき対象は、あらゆる徳を完全にそなえた無限の尊体、すなわち「阿弥陀仏」であると明言する。したがって、本章第一節で論じたように、『骸骨』執筆期と同様、「試稿」における「無限」の概念の根底には、悲智円満の尊体であり、他力門仏教の救主である阿弥陀仏が具体的に思念されていることがわかる。

しかしその推究は、自身の死を目前にした切迫した療養生活のなかで、無限存在、すなわち阿弥陀仏に自己の救済を祈求するという宗教的営為であった。清沢における阿弥陀仏の推究、それは浄土真宗の教えに自己の救済の道理を尋ね当てる信仰の歩みであった。ここに、清沢における求道の質的転換を窺うことができよう。清沢は、自力の限界を我が身に知り、その自力執心が破れたところに、無限＝阿弥陀仏の他力の救済に値遇したのである。

さて、以上論じてきたように、「試稿」の「〔一〕宗教」では、他力門仏教の存在観、人間観、救済観を解明するという課題に先立ち、まず宗教の目的について説示していた。ただここで注意すべきは、清沢の宗教に対する態度である。本章第二節で言及したように、『骸骨』では「宗教は信仰を必要とするが、理性に反する信仰を必要とはしない。衝突や闘争を生む信仰は理性によって矯正されなければならない」と論じていた。また、「宗教は信仰だけでは完全ではなく、信仰を正しく導く理性に補完されることによって十全となり得る」と述べて、宗教を理性との関係のなかで位置づけていた。

それに対して「試稿」では、宗教について、「宗教の必要性はどこにあるか」「それが果たすべき役割は何か」について自問し、その目的を「安心立命」であり「抜苦与楽」であると究明する。つまり、宗教を単に学問の対象として理知的に論じるのではなく、精神的苦悩からの解放という切実な欲求、すなわち自己の救済という実存的課題から推究している。この点について安冨信哉は、次のように指摘している。

「安心立命ノ大楽ヲ与タル宗教ハ是レ則チ必須不可欠ノ要法ナリ」というように、安心立命という現実的観点からの宗教定義を行っていることが注意される。ここには、結核を宣告され、死を身近なものと感じている清沢の切実な宗教への要求が看取される。

（『岩波』二「解説」、四二四頁）

確かに「試稿」は、『骸骨』での考究を踏まえた上で、さらに他力門仏教について推究した論稿である。しかしながら、「試稿」での宗教に関する考究は、『骸骨』におけるそれとはまったく異なったものであるといわねばならない。この頃の清沢が、単なる教理の構築や思想の確立などの学的関心から宗教を定義し直していないことが、ここからも窺われるのである。

前章で考察したように、清沢は「明治廿七八年の養痾に、人生に関する思想を一変し略ぼ自力の迷情を翻転し得たり(24)」と記していた。それは、自己の死という切迫した療養生活のなかで、浄土真宗の真髄を了解し、如来の智慧の光明を感得していく求道の歩みであった。ここに、哲学者としてではなく宗教者、就中、他力門仏教に自己を問うた求道者としての清沢の姿を、明確に窺うことができるのである。

註

(1)『岩波』一、一四六頁。
(2)『岩波』一、六頁。
(3) 田村晃徳「「道理心」と「宗教心」」『親鸞教学』第八四号、二七―二八頁参照。
(4)「宗教哲学骸骨自筆書入」『岩波』一、三六頁。
(5) 加来雄之「『宗教哲学骸骨』(The Skeleton of Philosophy of Religion)の意義――選択と実験に基づく思索」『真宗総合研究所研究紀要』第一一号、一八―一九頁参照。
(6)『岩波』一、一四六頁。

（7）井上哲次郎編『哲学字彙』（一八八一年）によれば、「Reason」は「道理、理性」という意味である。
（8）『岩波』一、一四六頁。なお、この英訳については田村の了解に示唆を受けた。詳しくは田村前掲論文二九頁を参照。
（9）『岩波』一、一四五―一四六頁。
（10）『岩波』一、五一頁。
（11）『骸骨』『岩波』一、七頁。
（12）『骸骨』『岩波』一、七頁。
（13）『骸骨』『岩波』一、七頁。
（14）「病床日誌」『岩波』八、七〇―七九頁参照。
（15）明治二七年六月一六日、『岩波』八、八五―八六頁参照。西村見暁『清澤満之先生』一四六―一四七頁、西本祐攝「石水期・清沢満之における「現生正定聚論」の究明（上）――清沢満之における「現在安住」の思想的背景」『親鸞教学』第九一号、四一頁を参照。
（16）明治二八（一八九五）年二月一三日〜二一日、『岩波』八、一四八―一五〇頁参照。
（17）〝SKELETON〟『岩波』一、一四三頁参照。
（18）「〔二〕宗教」『岩波』二、四二頁。
（19）「〔二〕宗教」『岩波』二、四二頁。
（20）「〔二〕宗教」『岩波』二、四二頁。
（21）『岩波』二、四四頁。
（22）『岩波』二、四四頁。

(23)『岩波』二、四四頁。
(24)「〔明治三十五年当用日記抄〕」『岩波』八、四四一頁。

第三章

# 有限と無限

## 第一節　有限無限論の骨格

本章では、清沢が構想した有限無限論について、『骸骨』と「試稿」の記述を通して考究したい。

抑有限無限は古来思想の二大項にして其関係に於ては甚だ説明し難き所ありと雖ども之を要するに有限無限は相離る能わざる関係を有するものなりとするにあり　而して無限を独立、絶対等といい有限を依立、相対等という
（『岩波』一、八頁）

これは『骸骨』「第二章　有限無限」の冒頭の一節である。「有限」と「無限」は、清沢が宗教について推究する上での重要な鍵概念であった。ここで清沢は、有限と無限が古来より思想上の「二大項」であることを提示して、両者は互いに切り離すことができない関係であると論じる。

彼の万物万化なるものは是れ皆有限なるものなり　其故如何となれば彼れ物化は彼此相異あり甲

乙差別ありて万物万化と言われ若し其別異なかりせば万物万化と言わるる能わざればなり　而して其別異なるは他なし彼此甲乙の間に限界あるが故なり　然るに此の如き万物万化はただ是れ唯一の無限なり　其故如何となれば万物万化は物化の全体を包括するものなるが故に其外に一物一化の之を限界するものなければなり

（『骸骨』『岩波』一、八頁）

有限はその外に無数の有限を有しているが、それらとの間には差異や区別が存在する。すなわち、一切の有限は千差万別・多種多様な存在である。したがって、有限は「万物万化」であるが、無限は有限すべてを包括する絶対唯一の存在である。このように万物万化は、有限の側からの視点では、個々別々の限界を持つ有限の性質を表しているが、無限の側から見れば、すべての有限の総体として押さえられている。清沢は、この有限と無限の性質について、等号を用いて次のように図示している。

有限＝依立＝相対＝単一＝部分＝不完全

無限＝独立＝絶対＝唯一＝全体＝完全

（『骸骨』『岩波』一、九頁）

ここに清沢の有限無限観が端的に示されている。そしてこの了解は、「試稿」においても継承されている。「試稿」「〔三〕有限無限」では、有限と無限の関係について、

有限アレバ無限ナカル可カラズ　無限アレバ有限ナカル可カラザルハ猶相対アレバ絶対ナカル可カラズ　絶対アレバ相対ナカル可カラズ　又差別アレバ平等ナカル可カラズ　平等アレバ差別ナカル可カラザルガ如シ　其他依立自立部分全体等ニ就テ見ルモ亦然リ

（『岩波』二、四五頁）

と記して、有限と無限は表裏一体の関係であることを明らかにする。そしてさらに、両者の関係を次

のように論じる。

有限無限ノ存在ハ甲非甲ノ論理ニ拠ルモノナリト雖ドモ通常所謂甲非甲ノ式ニ循ウモノト同等アラザルヲ知ル可シ　何ントナレバ通常ノ所謂甲非甲ノ式ニ循ウモノハ甲非甲相寄テ一全体ヲ成シ甲ハ其一半、非甲ハ其他半ヲ成スモノナレドモ今有限無限ハ之ニ異ナリ乃チ無限ハ其ノミニテ全体ヲ成シ有限ハ其部分ヲ成スニ過ギザルナリ　他語以テ之ヲ云ワバ通常ノ甲非甲ハ二者同等ノ資格ヲ有スト雖ドモ有限無限ノ場合ニ在リテハ無限ハ有限ト其資格ヲ異ニスルヲ見ル　即チ無限ハ有限ノ上位ニ在ルモノナリ

（「〔三〕有限無限」『岩波』二、四五頁）

清沢は、有限と無限の関係は、甲があれば非甲がなければならず、非甲があれば甲がなければならない「甲非甲ノ論理」によって成り立っていると述べる。しかし、ここで注意すべきは、有限と無限の関係は、通常の甲・非甲の「論理」に「拠ルモノ」ではあるが、甲・非甲の「式」に「循フモノ」ではない、と区別して論じている点である。「拠」は「よりかかる、すがる、たよる、つく（就）、よりどころとする[1]」という意味であるのに対して、「循」には「したがう、あとについて行く、よりそう、そのとおりにする[2]」という意味がある。したがって、有限と無限の関係は、甲・非甲の論理を根拠としているが、その形式に随従しているのではない。なぜなら、有限と無限の関係は、有限と無限とが互いに相寄り合ってその全体を構成するという「同格の関係」ではなく、無限はそれ自体で全体を構成しており、有限はその一部分をなしているに過ぎないからである。すなわち、無限は有限の上位に位置しており、両者の関係は、その資格を異にする「異格の関係」であると了解している。

## 第二節　二項同体

さて、清沢は『骸骨』第二章において、有限と無限は同体か異体かという問いを立て、自ら次のように答えている。

若し二者異体なりとせば無限の体の外に有限の体あらざるべからず　是れ無限の義に背反するものなり　故に無限の体の外に有限の体あるべからず　即ち無限有限は同一体たらざるべからざるなり　（『岩波』一、九頁）

先に確認したように、無限は万物万化の総体であり、すべての有限を包含する唯一絶対の完全な存在である。無限は限界を有しない。すなわち、無限の外に有限が存在することはあり得ない。したがって、有限と無限は同一体として了解されるべきである。清沢は、この両者の関係を「二項同体」[3]と了解する。そしてさらに、この関係を「有機組織」として論理的に考究していく。

無数の有限は相寄りて無限の一体を成す　其状態を有機組織と言う（中略）無数の有限が各其自性を失わざるは其他の無数の有限と有機組織を成し諸機関相寄りて一身体を構成するが如く諸多の有限相寄りて唯一無限体を組成すればなり　（『骸骨』『岩波』一、九―一〇頁）

清沢は、宇宙内のあらゆる存在は有機的に相互に連関して存在していると述べる。確かに、一個の有限は無限と同一体といえないが、無数の有限が相寄り相互に連関し合って組織する全体こそ、無限体にほかならない。この二項同体・有機組織の考究は「試稿」においても共有されている。

抑無限ハ其外ニ一物ノ存スルヲ許サザルモノナリ　何ントナレバ若シ夫レ一物アリトセンカ　其物ハ無限ト別異ナルガ為ニハ無限ト限界セラレザルヲ得ズ　即チ謂ウ所ノ一物ト無限ト限界アルハ是レ無限ニ限界アリトナスモノニシテ無限ヲ有限トナスモノナリ　是レ無限ノ意義ニ背反スルモノナリ　故ニ若シ無限ノ意義ヲシテ正当ナラシメントセバ有限ハ無限ノ外ニアルニアラズトセザルヲ得ズ　無限ノ外ニナシトセバ其体無限ト同一ナリトセザルヲ得ザルナリ

（「〔四〕根本ノ撞着」『岩波』二、四六頁）

ここでも、無限の性質を推究することを通して、有限と無限は同一体であることが、あらためて考察されている。

しかし、ここに一つの疑問が生じる。それは、「無数の有限は、はたして無限と同一体であるか」という問題である。清沢は『骸骨』第二章で、「有限無数」という項目を立てて次のように述べている。

有限無限は同体なりと雖ども一個の有限は無限と同体たる能わず　乃至百千万の有限も無限と同体たる能わず　唯々無数の有限相寄りて始めて無限と同一体たるを得べきのみ　故に有限は無数ならざるべからず　数学式を仮りて之を表すれば即ち左の如し

a×∞＝∞（aは有限の符、∞は無数又無限の符）

（『岩波』一、九頁）

また、「試稿」においても次のように論じている。

一箇ノ有限ハ無限ト同一ナル能ワズ　千万ノ有限モ無限ト同一ナル能ワズ　無数ノ有限アリテ初メテ無限ト同一ナリトスルヲ得ルガ故ニ無限其物ノ存在スル以上ハ有限ハ無数ニ存在スト為サザルヲ得ザルナリ

（「〔四〕根本ノ撞着」『岩波』二、四六頁）

このように清沢は、「無数の有限」、すなわち有限の総体をもって「無限」を定義する。「a×∞＝∞」の数式は、清沢の了解をよく表している。しかし再考するならば、たとえ有限が無数に集合したとしても、それは無限そのものではなく、「無際限の有限」に過ぎないのではないか。この場合、有限は無限と同一体であるといえないのではないか。この問題について、今村仁司はすでに次のように指摘している。

有限世界のなかに「無限」への「開き」があると言いうるためには、「数的無限」と宗教的無限を「アナロジー（類似）」をもってつなぐほかはない。清沢が二つの無限概念を区別なしに同時に語っている理由は多分以上のような事情によるのであろう。しかし数的無限と宗教的無限ははたして「アナロジー」でつなげるのだろうか。数的無限は有限世界の「無際限」であり、それは厳密に理性的に語ることができる。他方、宗教的経験としての無限は理性によって知ることは不可能であるし、理性にとっては沈黙するほかはない何ものかである。

（『清沢満之と哲学』二四頁）

数学的記号をもって有限な数の「限りなさ」を表現したとしても、それは原理的にはあくまで「有限」である。あるいはより正確にいえば、清沢が語ろうとする事態は、けっして数学的記号をもって表現できないのである。もしもそれを他人に説得する方便だと思って、数学的記号を使うとすれば、それはかえって誤解をまねくであろう。しかしこの段階でも清沢は、あくまで数学的無限と宗教的無限を同一視している。（『清沢満之と哲学』一〇〇―一〇一頁）

今村は、数学的記号によって表現できる無限はあくまで数的な無限であり、それは理性によって知ることができる無際限の有限であるという。そして、清沢は質的無限、すなわち宗教的無限と数学的無限を混同して区別することなく用いている、とも述べる。確かに今村が指摘するように、数的無限は無際限ではあるが、所詮は有限の領域を超えることはない。われわれ有限が精神を適合させるべき無限とは、前章で考究したように、人間の理性や言語を超越した絶対無限、つまり「無限ノ属性ニ於テ無限ナルモノ」(4)でなければならない。

それでは、なぜ清沢は、無際限の有限、すなわち数的無限を質的無限と同一であると見なすのか。そこに誤解や齟齬が生じる危険性を、清沢は当然認識していたはずである。これについて、西谷啓治の講説に次のような示唆がある。

われわれは、有限なものといえば、かぎりある有限なものだと単純に考える。（中略）しかしそのわれわれが生きているというその根本には、なにか絶対無限なものと合致しているというところがあるということです。（中略）『宗教哲学骸骨』の英訳では、合致というところに unity というような訳がされてありますが、有限でありながら絶対無限のものと一体になっているところがあるということです。われわれが生きているということの根本に、なにか絶対無限なものから生かされているというところがある、といってもよいかも知れません。

（「清澤先生の哲学」『清澤満之の哲学と信仰』一五七頁）

われわれ人間は、空間的にも時間的にも限定された有限な存在である。したがって、無限そのものに触れることはあり得ない。しかし有限存在は、実はその根源において絶対無限と同一であること、有限と無限は本来的には合致していることを、清沢は論理的に証明しようとしているのではないだろうか。これこそが、二項同体という有機組織論を基底として、有限が無限に至り得る通路を論理的に切り開こうとする試みであった。

第一章で論じたように、清沢は『骸骨』での思索を当時の信仰の中心としていた。それは『骸骨』が、有限と無限が一致し得る論理を、人間の普遍的な思想として公開するという課題を有していたからであろう。清沢は『骸骨』第二章において、有限と無限が相依相待の関係であることを「主伴互具」(5)という仏教の言葉で押さえた上で、「宗教の要は此関係を覚了せしむるにあり」(6)と論じている。「覚了」は〝SKELETON〟で「realize」(7)と翻訳されているが、realize には「わかる」「理解する」以外に「実現する」「達成する」という意味がある。(8)したがって清沢において、有限と無限が主伴互具の関係であることを覚知する営為は、単に理知的に理解することではなく、実際に実現・達成するという意義を有していたことが、ここから窺えよう。清沢が構想した有限無限論とは、有限と無限が現実に一致し得る可能性を積極的に究明したものである。

## 第三節　根本の撞着

清沢は『骸骨』において、有限と無限は「二項同体」の関係にあると論じたが、この捉え方について別の角度からあらためて推究したのが、「試稿」の有限無限論の特徴である。清沢は「〔五〕有限ノ外ニ無限アリ」で次のように述べる。

先ニハ無限ノ外ニ有限アル能ワズシテ有限無限ハ其体同一ナリト論定セリ　然ルニ根本ノ撞着アルガ為ニ有限ノ外ニ無限アリノ新論定ヲ生ズルヲ見ル可シ　即チ有限無限其体別異ナリトノ背説ヲ成立スルニ至ルナリ　其論理ハ次ノ如シ　先ニハ無限ヲ基想トシテ立論シタルニ無限ハ限界ヲ許サザルガ故ニ其外ニ有限アリテ無限ト限別スト云ウ能ワザリシナリ　然ルニ今転ジテ有限ヲ基想トセバ如何　有限ハ其体限別アルモノニシテ限別ノ存セザル無限ト同体タル能ワザルナリ　故ニ無限ナルモノ存ストセンカ　其体ハ有限ノ外ニ在リト為サザル能ワザルナリ

（『岩波』二、四七頁）

有限と無限が同一体であるという二項同体論は、無限を基準として有限との関係を考察したものであった。しかしその視点を転じて、有限を基準として無限との関係を再考すれば、限界や区別を持つ有限をそのまま無限であるとすると、無限の定義に背くことになる。なぜなら、無限は限界や区別を持たない唯一完全な存在だからである。したがって、有限の側から有限と無限の関係を推究すると、有限の外に無限があるといわざるを得ない。このように「試稿」では、有限と無限の関係が再び問い直され、そこに根本的な矛盾が見出されてくる。これが「根本の撞着」である。実は、前節で提起した、無数の有限の総体（数的無限）をもって質的無限を語ろうとする問題も、有限の側から二項同体を推究しようとする点に、その原因があるように思う。

しかし清沢は、どちらか一方の論理を廃捨したり、また優劣をつけたりすべきではないという。なぜなら、この差異は根本の撞着にともなって生じる従属的な矛盾に過ぎないからである。

有限ト無限ト其観念ニ於テ撞着ヲ含蔵スルガ故ニ先ニ無限ヲ基想トシテ論定シタルモノハ一種ノ断案トナリ今有限ヲ基想トシテ論定シタルモノハ又一種ノ別断案タルモノナリ　故ニ無限有限其体同一タルト同時ニ有限ノ外ニ無限ノ存在スルコトヲ知ラザルベカラザルナリ

（「〔五〕有限ノ外ニ無限アリ」『岩波』二、四七頁）

清沢は、この二つの主張は互いに相容れないが、単に矛盾として片づけるべきではなく、どちらも事柄の一つの側面を押さえたものであると論じる。そして、これ以降の考究において、根本の撞着を自己の内に抱えつつも、有限がいかにして無限に転化し得るかという問題、すなわち、苦悩に満ちた有限な存在である人間が、どのようにして阿弥陀仏に救済されるかという他力門仏教の課題に対して、主体的・求道的に解明していこうとする。この清沢の学的課題について、今村は次のように論じている。

有限は無限ではなく、無限はけっして有限ではありえないのだが、にもかかわらず究極的なところでは有限と無限は一致すること、これを理論的な言説で首尾一貫して語ろうとするのが、清沢哲学の中心的課題であろう。（中略）無限としての阿弥陀仏（理論的には無限的「空間＝時間性」）と有限な人間との間には絶対の深淵が横たわっている。にもかかわらずこの深淵を飛び越えることで、有限な人間は現世の苦悩を乗り越えなくてはならない。行道からいえば、煩悩に満ちた存在からの解放こそが、仏陀の智慧を獲得することであり、そのためには、有限と無限の絶対的撞着を実行の面で通り抜けなくてはならない。この行道面での難関を理論面で引き受けるのが、理論の課題としての有限無限論である。したがって清沢の有限無限論は、たんに理論的な関心から論じられているのではなく、つねに行道の理想の実現を目指して、それの成就を念頭において論じられている。

（『清沢満之と哲学』三三一―三三二頁）

有限と無限は絶対的に矛盾する関係にある。しかし清沢は、有限と無限の間に存在する深淵を十分に理解しつつも、その根本の撞着に身を投じて、両者が一致することを学問の言葉で語り切ろうとする。つまり、浄土真宗の救済の道理を、情緒的ではなく知的に耐え得る理論として構築しようとする。それは清沢にとって、単なる哲学的関心からではなく、主体的かつ求道的な思索の歩みであったのである。

## 第四節　有限無限論の展開

ところで、清沢の構想した有限無限論は、たとえば曽我量深においては、「我《われ》」と「如来」の関係の推究として展開されることになる。

煩悩の我は曠劫以来阿弥陀仏の光明に照され、包まれて居るのである。則ち我は過去以来「如来中の我」であった。（中略）今や此光明の縁に催されて、我が心中に帰命（南無）の信念が生じた。此信念は我を包める如来の光明が我心中に来り給える面影である。我が心であって我心でない。則ち「我の中の如来」である。此「我の中の如来」が現わるる時、我は信念の人となるのである。則ち南無阿弥陀仏の如来は我の外に現われては所帰の法体となり、我の内に現われては能帰の信念となり給うものである。かくて内外相呼応して煩悩の我を摂取し給うものである。

（「如来中の我、我の中の如来」『選集』四、二五八―二五九頁）

われわれ有限は根本的・根源的に無明存在であるが、このような煩悩の我は、実は無始已来、阿弥陀仏の光明に照射され包摂されている。すなわち「如来中の我」である。そして、この光明に照らされることによって、有限存在の心中に一心帰命の信心が発起する。それが「我の中の如来」、つまり自己の内心に出現した如来である。

さて、ここで注目したいのは、上述した「阿弥陀仏の光明」と「衆生の煩悩」と「南無の信心」との関係を、重なり合う三重の円によって示している図である。

（「如来中の我、我の中の如来」『選集』四、二五九頁）

実は、これと同様の図が清沢の初期の論考にある。そこには、（1）無限に包摂された有限、（2）有限に内在する無限、（3）無限に包摂された有限に内在する無限、を表した三つの図が記されており、それらに対応する考究が述べられている。

（1）

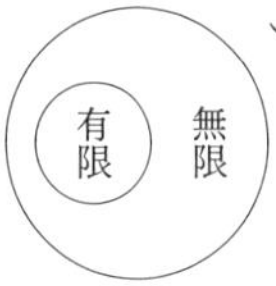


（一）無限ハ其外ニ有限アルコト許サズ　若シ有限アラバ只其一部分タラザル可カラズ　然レドモ吾人ハ各現実ニ有限ノ一体ニシテ無限ノ一部分ナリト感ゼザルモノナリ

（二）無限ナルモノアリトスルモナシトスルモ吾人ノ心ナリ　故ニ無限ハ存スルモ吾人ノ心内ニアリト云ワザルヲ得ズ　然ルトキハ有限ナル吾人ハ無限ヲ包有スルモノナリ　而シテ吾人進歩ノ前途ヲ推想スレバ吾人ハ各自ラ無

限ノ地位ニ到達シ得ベキガ如シ　何ントナレバ苟モ進歩ナルコトアル以上ハ無限ノ時間ヲ経バ無限ノ進歩アルベク無限ノ進歩ヲ為シタルモノハ自ラ無限タルベケレバナリ　然リ而シテ無限ニ達シ得ルモノハ達シ得ベキ性能ヲ具有セルモノニアラズバ不可ナリ　故ニ吾人ハ無限ノ開発ヲ具スルモノタルベキナリ　乃チ吾人ハ心内ニ無限ヲ包有スルモノタルナリ

（三）此ノ如ク論ズレバ有限吾人ノ内外ニ無限ノ存在スルコトヲ認定セザルヲ得ズ

（「〔善悪応報論〕」『岩波』一、三二四―三二五頁、
図に付したアラビア数字は筆者）

（2）

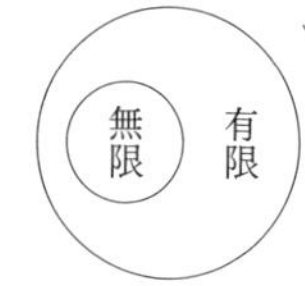


（3）

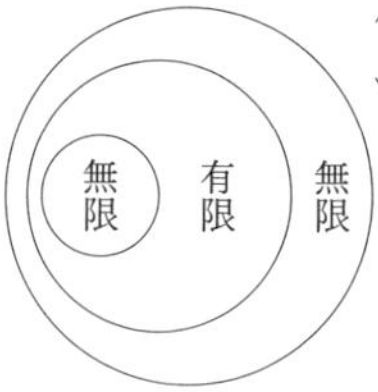


いま、この清沢の図に曽我の了解を重ね合わせると、（1）の図は、阿弥陀仏の光明（無限）に包摂された衆生の煩悩心（有限）を示している。次に（2）の図は、その衆生の煩悩心のなかに南無の信心として出現した如来（無限）を表している。そして（3）の図は、（1）（2）で述べた如来と我の関係を重層的に表現していて、両者の図はまったく同じ内実を説示していると思われる。したがって、「如来中の我、我の中の如来」と題した曽我の論考は、清沢の有限無限論を正確に継承し、浄土真宗の思想課題としてあらためて展開したものといえよう。

また金子大榮は、清沢の有限無限論について次のように述べる。

満之先生は宗教とは有限と無限との対応であると道破せられた。有限より見れば無限は有限の外にあり、無限より見れば有限は無限の内にある。これは対応ということである。しかればその対応とは、即ち相応ということであろう。（「光輪鈔」『親鸞教学』第二九号、一一頁）

有限より見れば無限は有限の外にあるが、視座を転じて、無限より見れば有限は無限の内にある。この有限と無限の対応を、金子は「相応」であると了解し、それは『浄土論註』における「如実修行相応」の「相応」であり、親鸞によって「如実修行相応は信心一つに定めたり」と了解された「相応」であるという。そしてその「相応」は、聖徳太子が「もし機、感ずることあれば応きわまりなし」と道破した「感応」であり、その感応を成立せしめるものは「呼応」、すなわち如来の招喚の勅命（呼）と、それに対する衆生の応答（応）である。金子はこのように推究して、「如来と衆生との対応は相応感応呼応として身心に行証されていくのである」と明らかにしている。(9)

以上のように、清沢の有限無限論は、その思想的薫陶を受けた門弟たちによって、近代における親鸞教学として顕彰され継承されているのである。

## 第五節　自覚の一致

さて、清沢は有限と無限のパラドックスについて、仏教の言説をもとに次のように推究していく。

抑有限ハ其存在ニ限界ナカルベカラザルガ故ニ変易ニシテ無限ハ其存在ニ限界アルベカラザルガ

故ニ不変易ナリ（中略）果シテ然ラバ彼ノ所謂造業感果（善悪業感）ノ事如何ニシテ説明シ得ラルルヤ　若シ因果応報ノ間ニ一体ノ継続シテ造受ノ行ヲ作スモノナシトセバ彼ノ所謂業報ナルモノ誰ガ之ヲ造リ誰ガ之ヲ受クルヤ　若シ因果感報其事確立セズンバ修因感果ノ仏道豈全ク破滅セザランヤ

（『岩波』二、四八—四九頁）

これは「試稿」「〔七〕（有限ハ無我ナリ）」の一節であるが、ここに二つの事柄が問われている。そもそも有限は無常で変化する存在である。有限の本質は常に生滅変化して一定することがない。すなわち「諸法無我」である。そうであるならば、（1）有限界において、「造業感果（善悪業感）」という因果の一致はいかにして成立するか。そして、（2）もしこの因果感報の道理が確立しなければ、修因感果の仏道は破滅するのではないか、という二つの問題が提起されている。

清沢は、まず（1）の問いに対して、「因縁所生」の道理を手がかりとしながら考究していく。

因縁所生ハ有限界ノ最大原理ニシテ其高妙深遠ナルコト容易ニ説キ難シト雖ドモ今其主要ノ点ヲ概説セバ凡ソ有限界内ノ事象ハ皆悉ク変易（無常）ノ法ニシテ一モ常住ナルモノアルコトナシ（無我）而シテ其変易スルヤ常ニ因ト縁トノ二元素アリテ果報ヲ生ズルモノナリ（中略）因縁重連シテ永ク因果相感ノ変易ヲ継続スルモノナリ

（「〔八〕因縁所生」『岩波』二、四九頁）

常に変化する有限界において因果感報の道理が成立するのは、因と縁が次々に結びつくことによって因縁に応じた果が生じ、永続的に変化が継続するからである。そして、一瞬一瞬変化する無常世界で前後が一貫して通じ、「自覚の一致」、つまりわれわれの意識に統一作用が存在するのは、果のなかに前の因を受け継ぐ「感伝作用」があるからだという[10]。

自覚ノ一致ハ所謂心霊ノ特点ニシテ此ニ依テ一体ノ心霊ガ能ク其三世ニ亘リテ一線貫通以テ因果感応ノ妙用ヲ遂成スル所ノ根基ナリトス　（「〔九〕自覚ノ一致」『岩波』二、五〇頁）

清沢は、この「自覚の一致」こそ、われわれ人間の意識の特徴であり、過去・現在・未来にわたり意識が貫通して統一される根拠であると論じる。しかし先に尋ねたように、有限はそもそも無常であり転変を免れることはできない。では、なぜ有限な人間に「自覚の一致」や「感伝作用」という意識を統一する作用が存在するのだろうか。清沢はこの問題を次のように推究する。

若シ有限、全ク箇々別々ノ体質タランカ　決シテ此感伝作用アル能ワザルナリ　之ヲ通伝動感スベキモノナケレバナリ　而シテ既ニ感伝ノ事実アリ　是レ如何ガ解スベキ　蓋シ其本源ニ反リテ抑有限ノ真体本相ハ純乎タル有限箇別ノモノニアラズ　其実ノ体性全ク無限ナルコトヲ熟察スベシ　体性既ニ無限ナランカ　作用上ニ其反照ノ顕現スルコト当ニ然ルベキ所ナリ（「〔九〕自覚ノ一致」『岩波』二、五二頁）

一瞬一瞬変化する無常世界で、前の状態が後の状態に伝わるという「感伝作用」が成立するのは、その本源に立ち返るならば、そもそも有限の真実の体相は個々別々の有限ではなく、その体性は実は無限だからである。そして、有限の真の体性が無限であるならば、それが作用上に反映して現れ出るのは当然であり、有限は単に孤立して存在するのではなく、実は無限をその裏面にそなえていると論証していく。

この清沢の推究は、先に挙げた（2）の問いに応答している。修因感果の仏道がなぜ破滅することなく成立するのか。それは、有限は無限をその本来性とするからこそ、「修行」という有限な行為の延長線上に「悟り」という無限の果を獲得することができる。なぜなら、有限と無限は本来的に同一体・表裏一体の関係だからである。これが「試稿」で推究される有限無限論である。

確かに、本来われわれ有限の側からは、有限と無限は同一体であり、有限はその裏に無限性をそなえているということはできない。したがって、ここまでの清沢の考察の進め方に問題や飛躍がないわけではない。しかし清沢は、有限と無限の間に存在する根本の撞着を乗り越えていく道筋を、首尾一貫して厳密に解明していこうとする。それはひとえに、有限たる自己が無限に転化し得る可能性、すなわち、凡夫が阿弥陀に摂取・救済される道程を切り開こうとする、清沢の実存的要求の表れにほかならない。

## 第六節　自力門と他力門

有限無限ノ二者ニ就テ其体同一ナルト其体別異ナルトノ反説存スルガ故ニ茲ニ宗教ニ於テ自力門他力門ノ二者ヲ生起スルニ至ルナリ（中略）有限無限其体一ナリト信ズルモノハ現前有限ノ吾人ニモ其内部ニ無限ノ性能アリトナスガ故ニ自力ヲ奮励シテ此潜的無限能ヲ開展セントス　是レ自力門ノ宗教ナリ　然ルニ有限ノ外ニ無限アリト信ズルモノハ在外ノ無限ニ無限ノ妙用ヲ認ルガ故

ニ此無限ノ妙用ニ帰順シテ其光沢ニ投浴セントス　是レ他力門ノ宗教ナリ（『岩波』二、四八頁）

これは「試稿」「〔六〕自他力二門」の一節である。清沢は、有限と無限が同体であるとする説（二項同体）と、別体であるとする説（二項異体）が併存するために、宗教において「自力門」と「他力門」という二つの異なる立場が生じるという。自力門の宗教とは、有限な自己の内に無限の性能が潜んでいると信じて、自力の奮励によってその潜在的な無限の性能を開発しようとするあり方である。それに対して、他力門の宗教とは、有限な自己の外に無限の存在を認めて、この無限の妙用に帰依・信順して光明に照らされようとするあり方である。

このように、清沢は「試稿」において、宗教に自力門と他力門という二つの立場があることを究明するが、この考察はすでに『骸骨』においても確認することができる。『骸骨』第二章では次のように述べている。

有限が無限に対向するに於て二種の不同あり　一は無限を以て因性とし一は無限を以て果体とする是なり（中略）之を因とすれば未開発の性となし之を果とすれば已開発の体とするなり　因性は未だ無限に顕現せざるものなるが故に有限の内部に存するものたらざるべからず　果体は既に無限に顕現せるものなるが故に有限の外部に存せざるべからず　此に由て宗教の実際に於ては有限が其内部の因性を開発し進で無限に到達せんとするあり　又有限の外部にある果体は来りて有限を摂引し無限に到達せしめんとするあり　前者を自力門といい後者を他力門という　即ち彼の因性を開発するは有限が各々自己の力を以て之を為すなり　又無限の摂引するは有限に対して他

の力之を為すなり　（『岩波』一、一一一―一一二頁）

これによれば、自力門は、無限を有限に内在する未開発の因性であると認識して、それを自分自身の力によって開発することで無限に到達しようとするあり方である。それに対して他力門は、無限を有限の外部に顕現する已開発の果体であると理解して、本願他力のはたらきによって無限に摂取されようとするあり方である。〝SKELETON〟には、「因性」は「potentiality」、「果体」は「actuality」と、また「未開発の性」は「an undeveloped capacity」、「已開発の体」は「a developed reality」と、それぞれ英訳されている。[11] これによって、自力門の無限とは、可能性として潜在している能力のことであり、他力門の無限とは、すでに開発され顕現している存在のことであると知ることができる。

また清沢は、『骸骨』が出版された明治二五（一八九二）年の講演録で、

宗教ハ有限無限ノ調和或ハ一致ナリ　即有限（相対）ノ吾人ガ無限絶対ニ体達スルコトヲ教ウルモノ是レ即チ宗教ナリ　之ヲ代数式ニ寓スルニ$a \times \infty = \infty$ニテ有限量$a$ヲ無限量$\infty$ニ乗ズレバ其結果トシテ無限量$\infty$ヲ得ル　故ニ言ヲ換エテ之ヲ言エバ宗教ハ有限ノ吾人ガ転迷開悟シテ無限ノ仏陀トナルコトヲ教ウルモノナリ　然リ而シテ此調和ノ実際ニ於テ茲ニ自力他力ノ義門ヲ生ズ　其故他ナシ　既ニ有限無限ノ二局ガ合シテ一致スルコトナルガ其一局ヨリスルト他局ヨリスルトノ不同ナカル可カラザルナリ　乃チ有限ヨリ初メ進ンデ無限ニ達スルトキハ自力門トナリ無限ヨリ初メ来リテ無限ニ達セシムルトキハ他力門トナルナリ　彼ノ代数式ニ於テ之ヲ分テバ$a \times \infty = \infty$ハ自力門トスレバ$\infty \times a = \infty$ハ他力門ヲ表スルナリ

（「〔霊魂内容論・開発論〕」『岩波』一、三〇六頁）

と論じて、有限から無限へ進達する自力門と、無限の到来によって有限が無限に至る他力門が、相反する行道であることを、「a×∞＝∞」と「∞×a＝∞」という数式によって簡明に区別している。したがって、これらの記述から、自力門と他力門の教説に対する清沢の基本的理解は、『骸骨』においても「試稿」においても大差ないことがわかる。

しかし、両著作において決定的に相違する点がある。それは清沢が、『骸骨』においては、

抑二者〔自力門と他力門：筆者註〕は相函蓋を為すものにして常に相応合せざるべからざるものなるのみならず若し相離るるものなれば真正の信行にあらざるなり（『岩波』一、三〇頁）

と述べて、自他力二門の立場を両立させて客観的に討究しているのに対して、「試稿」においては、自力門の原理を一応は説明しつつも、自身は他力門の立場に立脚して有限存在の救済について推究している点である。「試稿」の「〔二五〕自力他力」では次のように述べる。

有限ノ内ニ無限アリトスルト有限ノ外ニ無限アリトスルハ背反相容レザル二説ニシテ其甲ヲ取ルモノハ同時ニ乙ヲ取ル能ワズ　其乙ヲ取ルモノハ同時ニ甲ヲ取ル能ワザルナリ　然レドモ二説ハ根本ノ撞着ニ起因スルモノナルガ故ニ其一ヲ正トシ一ヲ不正トスルコト能ワザルモノナリ　故ニ哲学ハ何レヲモ取ラズシテ其調和ノ本源ニ達セントシテ永久ニ探究ニ従事スルナリ　宗教家ハ之ニ反シテ実際ノ修証ヲ先トスルガ故ニ或ハ甲説ヲ取リ（自力門ヲ組織シ）或ハ乙説ヲ取リ（他力門ヲ建立シ）各其一門ノ原理ヲ守リテ他ヲ容レザルナリ　然リ而シテ前節救済ノ必要ヲ説ケルハ

是レ既ニ有限外ニ無限ヲ認メタル他力門ノ説系ニ属スルモノナリ　之ヲ難スルニ自力門ノ原理ヲ以テスルハ全ク異門ノ鍵ヲ弄スルニ過ギザルナリ
（『岩波』二、六六―六七頁）

この一節は、先の「〔六〕自他力二門」で究明した自力門と他力門の差異について、あらためて考究している箇所である。清沢はまず、有限の内に無限があるとする主張（自力門）と、有限の外に無限があるとする主張（他力門）は、互いに矛盾するために、一方の説を取れば同時に他方の説を取ることはできないという。そして、「〔二四〕救済ノ必要」において無限による救済の必要性を説いたのは、有限の外に無限を認める他力門に自身の立場を置いているからであると述べる。ここに、清沢が他力門の教説を信受していることが窺える。そしてさらに次のように論じる。

仏教ニ云ウガ如キ悉有仏性ハ是レ真ナルヤ妄ナルヤ　曰ク仏教ノ悉有仏性固ヨリ真理ニシテ毫末ノ妄偽ナシ　然レドモ所謂実際ノ談ニ至リテハ乞フ之ヲ一省セヨ　無限ニ関スル実際談ハ覚者（現実無限）自ラニアラザレバ到底之ヲ為ス能ワザルナリ　今吾子ト共ニ現実有限ナリ　此間ニ決シテ無限ニ関スル実際談（現量説）アル能ワザルナリ　故ニ（仏陀ノ我等ヲ教ウル亦論理ヲ以テス　況ンヤ）吾人相互ノ談義ハ是非トモ論理ノ軌道ニ拠ラザル可カラザルナリ
（「〔二五〕自力他力」『岩波』二、六七頁）

ここで清沢は、仏教の「一切衆生悉有仏性」説は真実か妄念かと自問自答している。まず、「一切衆生悉有仏性」はもとより真理であり、いささかの虚偽もないが、しかし無限に関する実際の話は、覚者、つまり現実に無限となった者でなければ論ずることはできないと述べる。この「覚者」とは、具体的には仏自身を指しているのであろう。親鸞が『教行信証』「真仏土巻」に引用する『涅槃経』によれば、「一切衆生悉有仏性」は仏の随自意説である。すなわち、仏陀自身の智見によって説かれた真実である。しかし、煩悩に覆われた衆生にとっては、仏性はどこまでも未来に清浄の身を具足して開顕されるもの（仏性未来）と了解されている[13]。

したがって清沢は、有限なるわれわれは、実際談ではなく論理の道筋にしたがって有限と無限の関係を解明していくしかないと断言する。ここに、有限存在としての自覚に立脚しながら、しかも、他力門仏教の体系を論理的に構築しようとする清沢の思想的営為を、あらためて窺うことができる。

## 第七節　他力門に帰す

清沢は、真宗教学の綱格を推究した「在床懺悔録」を、「試稿」と同じく播州垂水での療養中（明治二八〈一八九五〉年一月頃）に執筆している。そのなかで清沢は、「（四）自力ト他力」という項目を設け、「安心ノ道ニ自力他力ノ両門アリ　然ルニ独リ他力門ヲ勧ルハ如何[13]」という問いを立てて、次のように自答している。

曰ク　勧ル所ハ漫ニ他力門ト云ウニアラズ　他力門中ノ他力門即チ阿弥陀如来ノ摂化〈弘誓〉ニ帰命スルノ一途ナリ　骸骨ニ論ズルガ如ク自力門ニアレ他力門ニアレ悟道ノ時限ニ於テハ二門各頓極頓速ノ一念成就ヨリ三大僧祇ノ永劫マデ其差別実ニ無限ノ不同アリ　而シテ緩漫ナル長時ノ

間ニハ退転堕落ノ患多キガ故ニ能ズベクンバ極速ノ捷径ヲ取ルベキコト論ヲ待タザルナリ　然ルニ自力ノ途ニ於テハ自己ノ仏性開発ヲ基趾トスルガ故ニ必ズシモ極速ノ円覚ヲ期シ難シ　或ハ極遅ノ開悟ヲ漸達スルニアラン　是レ豈不安ノ道ナラズヤ　而シテ他力門ニ於テモ其帰スル所ノ仏威ニ依テ或ハ漸悟ノ恵ヲ受ルニ止ルアラン　然レドモ弥陀ノ弘誓ハ決シテ然ラズ　其威徳最勝ニシテ其悲智極円ナリ　一念帰命ノ立所ニ不可思議ノ仏因ヲ満セシメ現生命終ノ無間ニ安養浄界ノ往生ヲ遂ゲシメ玉ウ　是レ豈大安慰ノ途ニアラズヤ　心ヲ仏法ニ傾ケ念ヲ正覚ニ懸ルモノ誤テ大利ヲ失スル勿レ

（『岩波』二、五頁）

ここで清沢は明確に、「他力門中ノ他力門」、すなわち阿弥陀如来の本願の教えに帰命せよと勧めている。自力門は、自己の内に潜在する仏性を自力によって開発・展開しようとするために、その開悟に遅速や頓漸が生じる「不安の仏道」である。それに対して他力門、就中、阿弥陀の摂化・救済は、功徳最勝であり悲智円満であるがゆえに、獲信の一念に正定聚の位に住せしめられる「大安心の仏道」である。清沢はこのように推究して、正覚獲得を願う者は、この二道を見誤って大利益を迷失してはならないという。そして、「（七）諸経ヲ措テ大無量寿経ヲ取ルハ如何」という問いに対しても、清沢は簡明に「曰ク　他経ハ皆是レ自力門ノ経ナルガ故ナリ」と答えている。[14] したがって、清沢における浄土真宗の教理の究明、それは自らの救いの原理を自力門ではなく他力門に尋ね当てる営為であったといえよう。そのことを「試稿」に色濃く確認することができるのである。

親鸞は、阿弥陀如来の本願の行信を顕彰して、次のように自釈する。

十方群生海、この行信に帰命すれば摂取して捨てたまわず。故に阿弥陀仏と名づけたてまつると。これを他力と曰う。

（『教行信証』「行巻」『定親全』一、六八頁）

親鸞は、一切群萌の摂取不捨を誓う尊体として阿弥陀仏を顕揚する。そして、このはたらきを「他力」と表明するが、それは自力執心の迷情が破れた清沢にとっても、他力門中の他力門こそが、唯一「大安慰ノ途」であったのである。

清沢は後年（明治三四〈一九〇一〉年）、真宗大谷派の僧侶である藤岡了空との対話で、藤岡の「先生には御発病以来、斯る難症の御病気に御懸り成りましたが、実に無病健全の人の窺い知ることのならぬ苦楽の感が御座いませぬか[15]」という質問に対して、次のように答えている。

若精神的療法を自得し、万事に対して執着を減じ得れば、得るに随い何となく、自心に軽安の感を得ると同時に、世の人の余りに塵事に齷齪たるを想い、自から其苦痛を脱却したるを喜ぶが如き感があります。而してここに至るには、縁生無生、業報、不転等の教理を翫味して、終に他力信仰に乗托するより外ないと思います。

（「養病対話〔抄〕」『岩波』六、三七二頁）

精神的苦痛を脱却するためには、仏教の諸々の道理を深く了解して、最終的には他力信仰に乗託するよりほかに道はない。清沢はこのように明言して、自己の信念を披瀝している。

私は只此如来を信ずるのみにて、常に平安に住することが出来る、如来の能力は無限である、如来の能力は無上である、如来の能力は一切の場合に遍満してある、如来の能力は十方に亘りて、自由自在無障無礙に活動したまう、私は此如来の威神力に乗托して大安楽と大平穏とを得ること

である、私は私の死生の大事を此如来に寄托して、少しも不安や不平を感ずることがない、

（『岩波』六、三三四―三三五頁）

これは清沢の絶筆「我は此の如く如来を信ず（我信念）」の最後の言葉である。清沢は、無限の大悲すなわち阿弥陀如来の威神力に乗託・寄託するならば、自己の死生の問題について不安や不平を少しも感ずることなく、大安楽と大平穏を我が身に感得することができると結語する。ここに、清沢における他力の信念の内実を窺うことができる。

さて、以上尋ねてきたように、清沢は『骸骨』では、自力門と他力門について、中立の立場を保持しつつ客観的に論じていた。しかし「試稿」においては、自らの立脚地を親鸞の浄土真宗の教えに置き、有限存在の救済について深く推究していた。ここに、自己の救済について他力門仏教によるしかないという、清沢の明確な選択と決断を窺うことができる。それは、第一章と第二章で考察したように、肺結核の悪化という自己の死生の問題に直面するなかで、有限なる自己と純一なる無限との間に絶対的な隔絶があることを自覚するに至ったからであろう。

確かに理論上では、有限と無限は同一体であるといえよう。しかし現実には、無限は有限の外にしかあり得ないという厳然たる事実が存在した。清沢は、自身の死生の問題という煩悶憂苦に直面することを通して自力に破れ、阿弥陀による摂取・救済という他力門仏教の教えに、自己の真の拠りどころを確立するに至った。ここに、『骸骨』と「試稿」における有限無限論の決定的な差異を確認することができる。

註

（1）『新字源』四〇七頁参照。
（2）『新字源』三五三頁参照。
（3）『骸骨』『岩波』一、九頁。
（4）「〔二〕無限」『岩波』二、四四頁。
（5）『岩波』一、一〇頁。
（6）『岩波』一、一一頁。
（7）『岩波』一、一三七頁。
（8）『ジーニアス英和大辞典』（大修館書店）一七九九頁参照。
（9）「光輪鈔」『親鸞教学』第二九号、二一―三頁参照。
（10）「〔八〕因縁所生」『岩波』二、五〇頁参照。
（11）『岩波』一、一三六―一三七頁参照。
（12）『定親全』一、二三九―二四一・二四七頁参照。
（13）『岩波』二、五頁。
（14）「在床懺悔録」『岩波』二、七頁参照。
（15）「養病対話〔抄〕」『岩波』六、三七一―三七二頁。

# 第四章
# 心霊の開発

## 第一節 『骸骨』の「霊魂」論

清沢は『骸骨』「試稿」ともに、有限が開展して無限に進化し得る可能性を、われわれ人間の精神作用に確かめていこうとする。『骸骨』「第三章 霊魂論」の冒頭で次のように述べている。

宗教の要は無限力の活動によりて有限が進みて無限に化するにあり 之を有限の方より言えば有限が開発して無限に進達するにあるなり 而して有限は万種千類なりと雖ども吾人の実際に於ては各自の霊魂或は心識が開発進化して無限に到達するが宗教の要旨なりとす 然り而して吾人の霊魂というも万多の有限中一種特別のものにあらず 唯其万多中の随一に過ぎざるものなるが故に吾人が霊魂に就て究明し得る所は一切の有限に推及し得る所の事なるなり

（『岩波』一、一二―一三頁）

宗教の要点は有限が開発して無限に進達することであるが、われわれの現実に即していえば、有限から無限へと向かう主体こそが人間各自の「霊魂」である。このように霊魂の究明を通して、有限がいかに開発・発展して無限に到達するかという「転化」の構造について解明しようとする。

清沢は、霊魂の観念について三種類の説に分類して考察する。第一の説は「霊魂有形説」、第二の説は「霊魂無形説」、そして第三の説は「霊魂自覚説」である。

第一、霊魂有形説　是れ最も未開の説にして霊魂を以て形体あるものとなすものなり　而して其所謂体形なるもの亦甚だ多様なり　或は霊魂を以て全く生人と異ならず耳目鼻口胸腹四肢を具えたるものと為すあり　或は上半部は人身の如く下半部は朦朧たりと為すあり（中略）此の如きは皆霊魂を以て有形の体となし其空間的関係に属することを認信するものなり

（『骸骨』『岩波』一、一三頁）

第一説で述べる霊魂とは、「霊魂有形」という言葉が端的に表しているように、現実に本体や実体を持つものと理解されている。そこには、当時の民衆の間で一般的に語られていた、いわば幽霊や妖怪の類が想起されていたのであろう。清沢はこのような霊魂観を「最も未開の説」と述べて、人間の迷信・妄信であると否定する。

第二、霊魂無形説　此説は前者に反して霊魂を以て全く無形のものとなすなり（中略）物質を以て唯一の実体とし彼の霊魂の如きは全く無形のものにして其体なく唯々物質分子の結合より生ずる一種の作用に過ぎずと為すに至る　是れ甚だ極端の説にして其実、霊魂其体なしと為すものな

り

（『骸骨』『岩波』一、一三―一四頁）

第二の霊魂無形説は、先の霊魂有形説と正反対で、霊魂はまったく無形で実体などないとする説である。そもそも霊魂は、実験観察に基づいて認識すれば、物質的な分子の結合によって生じる一種の作用にほかならず、物質のほかに霊魂という別の実体があるわけではないという主張である。清沢は、この霊魂無形説は「最も非理なるもの」、すなわちもっとも道理に合わない説であり、「極端唯物論者」のみが唱える説であると否定する。[1] そして、次に挙げる「第三、霊魂自覚説」にその否定の根拠を見出していく。

吾人の精神作用は多種多様なりと雖ども之を一括して覚知作用或は縁慮作用という　蓋し精神の原能は外界万差の物化に対して之を覚知するにあり　客観的の事物を縁として之を慮知するにあり　而して覚知と慮知とは其主体なくして起るものにあらず　各個人が自から主となりて覚慮することを得るなり　色を視、声を聴くを初として喜怒、想考、願望、等一切の作用は（中略）皆吾人自己が之を為すなり　皆吾人各自の心識之を為すなり　皆吾人各個の霊魂之を為すなり　之を自覚という　然れば則ち彼の霊魂なるものは此自覚作用の本体を指すものにして決して形体的物質と混同すべからず　又形体的運動の合果と為すべからざるなり

（『骸骨』『岩波』一、一五―一六頁）

唯物論者は霊魂とは物質の合成体であると主張するが、清沢は、その合成が生じるためには中心となるべき特別な一体がなければならないと述べる。なぜなら、主体を抜きにしては、覚知や縁慮とい

う認識作用は起こり得ないからである。そして、一切の認識はわれわれ各自の心、すなわち霊魂が行うのである。このように清沢は、霊魂を認識の主体、自覚作用の本体であるとする。したがって霊魂は、形ある物質や物質運動の合成体と見なされるべきではないのである。

そしてさらに清沢は、自覚作用の本体としての霊魂の意義を、次のように究明していく。

此作用〔自覚作用：筆者註〕は常に統一的の性能あるものなり　乃ち吾人は万差の物化を見聞覚知すれども其見聞覚知たるや個々隔別分離したるものにあらざるなり　若し個々隔別分離したるものならんか前瞬の覚知は後瞬の覚知と関係なく前念後念刹那々々の覚知は各々別々に離散して記臆、想像　判断、推理等は之なかるべし　否一切の精神作用は之なかるべし　然るに之に反して啻に前念後念の覚知が同一体に記臆せらるるのみならず数年数十年の間に身体の物質は新陳代謝するも其間の覚知が記臆回想せらるる已上は茲に不断相続の一体なかるべからざるなり　故に精神の本体は自覚の一体即ち霊魂にありと謂わざるべからざるなり（『骸骨』『岩波』一、一六頁）

一瞬一瞬変化するわれわれの覚知を一体貫通して、一切の精神作用に前後の統一をもたらすはたらきが「精神の本体」、すなわち「自覚の一体」としての霊魂の特性である。このように清沢は、霊魂を人間の主体を成立せしめる根幹であるとする。この不断に相続する意識について安冨信哉は、

これは、大乗唯識の哲学において、アーラヤ識と表現された意識と同旨ではないか。満之は言及していないが、満之の霊魂自覚説は、アーラヤ識説を想起させる。霊魂は、あたかもアーラヤ識が転識得智して悟りの智慧へと転化するように、開発進化して、無限に到達するものでなければ

ならない。（『清沢満之と個の思想』五二頁）

と指摘する。また田村晃徳は、

清沢の「霊魂自覚説」は自己の同一性を説くもの、つまり現代語で言うアイディンティティの問題を提起しているといえよう。

（「清沢満之における「霊魂」の理解」『印度学仏教学研究』第五二巻第二号、五三七頁）

と述べる。清沢の霊魂観は、『骸骨』「第四章　転化論」において「迷悟を貫通し因果を貫通せる一体」[2]として論究されていく。また「試稿」においても、「自覚の一致」や「感伝作用」[3]について推究する際の基盤となっていく。清沢は「試稿」の「〔九〕自覚ノ一致」において、「自覚ノ一致ハ心霊ノ根基作用ニシテ吾人ガ因果秩序ヲ認知スルノ源泉タルモノ其関係最モ大ナルモノ」[4]と述べて、「『骸骨』を参照せよ」と指示している。したがって、『骸骨』の霊魂自覚説は、有限が無限に転化する論理を究明していく上で非常に重要な概念なのである。

## 第二節　「試稿」の「心霊」論

清沢が『骸骨』において、霊魂の観念について霊魂自覚説の立場を取っていたことは、以上の考察によって明らかである。したがって先学が、「満之は、世上一般の霊魂有形説、霊魂無形説のいずれも否定して、霊魂自覚説の立場をとる」[5]、あるいは「注意されるのは、両者〔霊魂有形説と霊魂無形説：筆者註〕は迷信的、科学的とその方向は正反対であるが、霊魂を形態的に捉えているという点では同質であることだ。両者共に、宗教心としての霊魂からは大きく離れている点により、清沢は両概念を否定する」[6]と指摘するのは当然であろう。

しかし、ここで注意すべきは、清沢は「試稿」において、われわれ人間の心、すなわち「心霊」を推究する際に、『骸骨』の霊魂無形説で否定すべき説として挙げた、人間の神経系統に関する考察を援用しながら論じている点である。すでに前章で論じたように、「試稿」では有限と無限が転化する必然性を、両者は本来的に同一体・表裏一体の関係だからであると結論づけていた。そして次に清沢は、この転化の相を「心霊の開発」に確かめていこうとする。「試稿」における「心霊」の考究は、「〔一一〕補訂」の最後の一文、「(次ニ心霊開発ニ先チ心霊ヲ論ズ)」[7]を受けて展開する。

清沢は「〔一二〕心霊」において、まず「心霊トハ吾人各自ノ如キモノナリ」[8]と端的に押さえるが、欄外の図に、

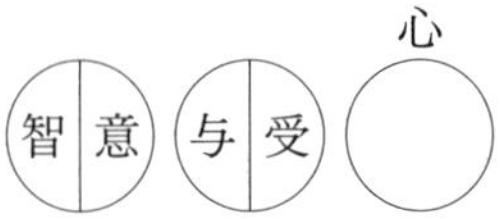


(『岩波』二、五六頁)

とあるように、心霊とは「心」もしくは「意識」のことであると思われる。そして、さらに次のように論じる。

抑吾人ハ彼此他我ノ関係中ニ繋在シテ常ニ外物ト対関スルモノナリ　是ニ於テ二条ノ考ウベキ路アリ　一ハ彼他ヨリ此我ニ対シテ為ス所ノ作動　二ハ此我ヨリ彼他ニ対シテ為ス所ノ動作ナリ　第一ヲ感動或ハ感覚ト云イ第二ヲ発動或ハ行動ト云ウ　此ニ依テ心霊ニ二面ノ体装ヲ認メ得可シ　一ハ受動的ニシテ一ハ与動的ナリ　或ハ能動的所動的ト云ウモ可ナリ　心理学者ハ智的意的トモ云ウ可シ　而シテ智意ノ二用ニ通ジテ心霊ノ最モ著シキ特性アリ　情是ナリ

（「〔一二〕心霊」『岩波』二、五六頁）

清沢は心理学的観点から、心霊には、他から我に対してなされる動作、すなわち受動的（知的）側面と、我から他に対してなす動作、すなわち与動的（意的）側面の二つがあることを明らかにする。そして、この二つのはたらきを通じて、心霊のもっとも著しい特性である「情」について言及していく。

次に清沢は、「〔一三〕智情意」において、「前段ニ於テ心霊ノ特能ハ智情意三作用ナルコトヲ説ケリ　今仮リニ近世解剖上ノ成績ヲ以テ之ヲ比解スレバ……」(9)と述べて、心霊の「知情意」という特殊なはたらきについて、神経解剖学の成果を手がかりとして解明していこうとする。これは先に指摘したように、『骸骨』の霊魂無形説の内容を受けていると思われる。『骸骨』では次のように記されていた。

霊魂は物質を離れては毫も其作用を顕す能わず　神経を切断すれば感覚を失い運動を生ずる能わず　脳髄を破壊すれば知覚を失い思想を失い情意を失うに至るなり　此等によりて之を観れば精神作用は神経系統に依属すと謂わざる可からざるが如し
（『岩波』一、一四頁）

神経の切断や脳髄の破壊という事態が起これば、われわれは感覚や知覚を失い、運動を行うことも思考することもできなくなる。したがって、霊魂は物質を離れては作用することができないのである。

しかし、ここで注意したいのは、清沢はすでに『骸骨』の霊魂自覚説で、このような科学的・物質的霊魂論（霊魂無形説）は、極端な唯物論者だけが主張する、もっとも道理に合わない説として否定していた点である。これについて、『哲学館講義録』に次のような記述を見ることができる。

精神作用ト神経系統トハ極メテ直接ノ関係ヲ有スルコト他ノ諸機関ト同日ノ論ニアラザルコトヲ知ルニ足ル　故ニ心理学ヲ研究スルニ当リテハ神経系ノ搆造作用ヲ知ルコト最モ必要ナリ　加之今日心理学ノ著シク進歩シタルハ解剖生理学特ニ神経系統ノ研究最モ発達セシニヨル者ト云ワザル可ラズ
（『岩波』三、一六七頁）

これは、清沢が哲学館（現在の東洋大学）において「心理学（応用）」を講義した際の筆録である。ここに清沢が、心理学すなわち人間の精神作用を考究するにあたり、解剖生理学上の神経系統の構造と作用を理解することが必須であると考えていたことがわかる。この講義録は、清沢が東京から京都へ活動の拠点を移す時期（明治二一〈一八八八〉年）に発表されたものである。したがって、すでに『骸骨』を執筆する頃には、西欧における神経解剖学や心理学の研究成果は日本において広く受容され、翻訳書や研究書などが数多く出版されていたことが窺えよう。

　では、なぜ清沢は、神経組織学に関する最新の研究成果を、『骸骨』では否定すべき説であると斥けながらも、「試稿」では積極的に採用して、心霊のはたらきについて考究するのであろうか。そこには、清沢がそれぞれの著作において、人間をいかなる存在として捉えていたかという差異が深く関係しているように思う。

　『骸骨』の霊魂論は、「試稿」において、有限存在に成立する「自覚の一致」や「感伝作用」を推究する上での基礎的概念として継承・展開されていることは、前節で論じた通りである。しかし、ここで留意すべきは、われわれ人間の精神作用を、『骸骨』では「霊魂」と表現したのに対して、「試稿」では「心霊」という言葉で表している点である。「霊魂」は〝SKELETON〟では「the Soul」[10]と英訳されるのに対して、「心霊」の英訳は「試稿」自体には確認できないが、同時期に記した「在床懺悔録」では、「心霊」に「パーソナリチー」[11]とルビを振っている。したがって両者は、単に表現を変えただけではなく、それぞれ異なる概念を示していると推察できる。

　「soul」は「(肉体に対し)魂、霊魂、霊」という意味であり、知性や知力という意味を含まず、「spirit よりも宗教的意味あいが強い[12]」。それに対して、「パーソナリティー(personality)」は「人格。個性。性格とほぼ同義で、特に個人の統一的・持続的な特性の総体」を意味しており[13]、人間の意識・知性・感情などがはたらく場である「mind」の意味に近いように思われる。

　『骸骨』において「霊魂」は、人間の精神作用を一体貫通する認識の主体、すなわち自覚作用の本体であると了解されていた。それに対して「試稿」では、人間の精神作用、つまり「心霊」について、神経系統の考究を通して心理学的観点から究明しようとするのであろう。清沢は、有限が無限に進化し得る可能性を、人間の意識が発展していく様相に重ね合わせて推究する。この清沢の思想的営為は、これ以降の「試稿」の記述に窺うことができる。

智情意ノ三用ニ単純複雑ノ度ニ応ジテ各階級等差アリ　而シテ其等級無数ナリト雖ドモ今通途ノ智力ノ四段ニ就テ図示スレバ左ノ如シ　（『岩波』二、五七頁）

これは「〔一四〕三用ノ階級」の一節である。清沢はこのように述べて、「知情意」にそれぞれ四つの開発段階があることを、

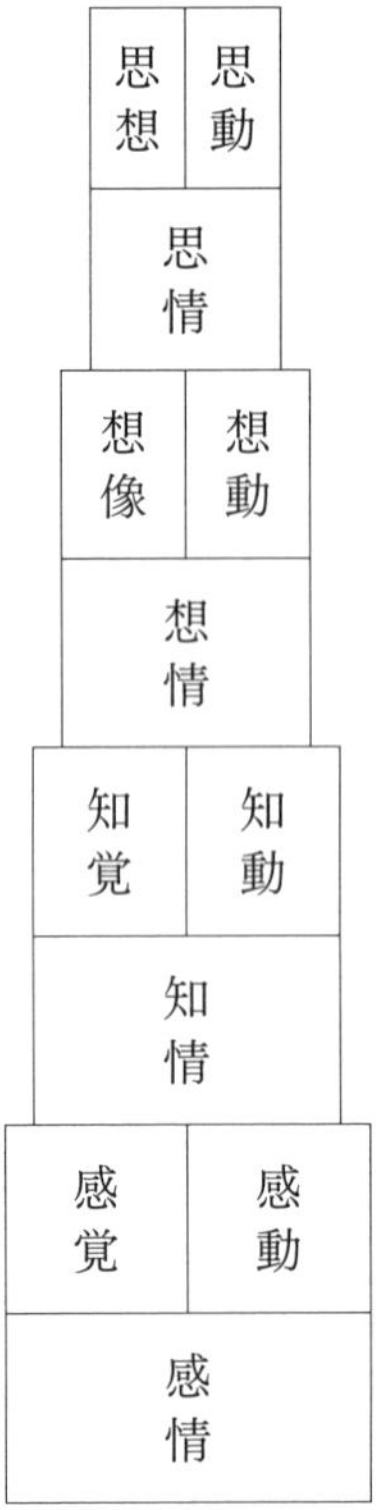


（『岩波』二、五八頁）

と図示する。実はこの図は、日本において近代心理学の礎を築いたといわれる、元良《もとら》勇次郎の『心理学』（明治二三〈一八九〇〉年刊）の内容を援用しながら記されている。清沢が心理学について著した論稿（「〔心理学試稿〕」）を通読すると、知力の発展段階について、元良の説によりながら「感覚」「知覚」「再現（想像）」「思想」の四段階に分類して考究していることが窺える。(14) この分類は、「試稿」

に記した図の区分と同じである。

さらに清沢は、「試稿」の「〔一五〕心霊開発」において次のように述べる。

抑心霊ノ開発ハ之ヲ略言セバ彼ノ智情意ノ作用ガ前段図示セル階級ニ於テ下等ヨリ漸次上等ニ進行スルニアルナリ　少シク其模様ヲ解釈セバ所謂下等ノ作用ハ箇々別々ノ能動及所動ニシテ其諸用ハ彼此ノ関係甚ダ疎漫ナルノミナラズ時ニ大ニ争闘或ハ背反スルガ如キヲ見ル　然レドモ進ンデ上等ノ作用トナレバ彼此ノ動作ガ互ニ相関係聯絡シテ容易ニ分離隔別シ難キノミナラズ　先ニ争闘背反スルガ如ク見エタル作用ガ全ク其性質ヲ同ジクシテ畢竟同本ノ異枝タルコトヲ証明スルニ至ル（中略）此ノ如ク心霊ノ開展ハ個々隔離ノ物象ヲ統制シテ同一ノ本源ニ帰入セシムルナリ而シテ本源ヨリ本源ニ溯リテ其極ハ最上究竟ノ本源ニ到達セシム　是レ所謂大覚ナリ

（『岩波』二、五八―五九頁）

そもそも心霊の開発とは、「知情意」のはたらきが前述の図の諸段階において、下から上へと次第に進行することである。そして、心霊の開発・発展によって、これまで個々別々であった精神作用に連関をもたらし、作用間の衝突や矛盾を統制して、ついには最上で究極の本源、すなわち「大覚」に到達する。清沢はこのように述べて、われわれの心霊の特性を究明している。これが、「試稿」における人間存在（有限心霊）の基本的了解である。

## 第三節　万有の開展

さて、次に清沢は、「万有ハ心霊ニシテ皆各開発性ノモノニシテ其開発ノ極ハ無限ニ達スル[15]」と述べて、有限心霊が開発・発展する究極の本源、すなわち無限心霊について論究していく。これがいわゆる「神仏論」である。清沢は「神仏ハ大覚セル心霊ナリ[16]」と述べる。

「試稿」の「〔一八〕無神論有神論」「〔一九〕一神論多神論」「〔二〇〕汎神論万有開展論」という項目が示すように、清沢は西洋思想における無限（神の概念）に関する議論をいくつか取り上げて考察を加える。しかし、ここで注目すべきは、無神論・有神論・一神論・多神論・汎神論について、それぞれの主張に一理あると認めつつも、仏教の思想はそれらすべてを包含すると捉えている点である。

抑万有ノ真理ハ其体無限ノモノナリ　之ヲ開悟覚了セルモノハ各々皆無限タルナリ　之ヲ比況スルニ彼ノ天上ノ月ニ対スル明鏡ハ其数幾何アルモ皆各一月ヲ得ルガ如シ　万有ノ真理其物一ナリト雖ドモ之ヲ覚了スル所ノ能者ハ無量無数不可計ナルコト毫モ通ジ難キ所ニアラザルナリ

（「〔一七〕無限無数」『岩波』二、六一頁）

たとえばこの文章は、天上の一つの月とそれを映す無数の明鏡の譬喩を通して、一神論と多神論は事柄の二方面からの捉え方であり、それらはともに包含し合う理論であると述べている。ここに、仏教における「一如法性」と「無数の諸仏」の関係を窺うことができよう。

万多ノ有限ハ今表面ニ有限ナルモノモ開発トイウ一事情ニヨリテ無限ニ展変スルモノナリ　又今表面ニ無限ナルモノモ亦転化トイウ一事情ニヨリテハ有限ニ顕現スルモノナリ（中略）若シ此等ノ諸点ヲ充分ニ表白セントセバ（之ヲ仏書ノ言句中ニ求メザル可カラズ　草木国土悉皆成仏ト云ウガ如キ色即是空空即是色ト云ウガ如キ草木国土ト云イ色ト云ウハ是レ有限ナリ　仏ト云イ空ト云ウハ是無限ナリ　而シテ一方ニハ皆成ト掲ゲテ動的関係即チ開展ノ事ヲ明ニシ一方ニハ即是ヲ反復シ而モ色ト空トノ位置ヲ転換シテ以テ開展ニ二様アルヲ示ス（中略）今吾人ヲシテ簡単ニ吾人ノ説ヲ表白セシメバ）万有開展論ト称スルヲ以テ満足セントス

（「〔二〇〕汎神論万有開展論」『岩波』二、六二一—六三頁）

清沢は、有限と無限の動的な関係、すなわち、有限は無限に進化し（還滅門）、無限は有限に変化する（流転門）という開発・活動について、十分に表現しようとすれば、西洋の神の概念では不十分であり、仏教の言葉に求めなければならないという。それはたとえば、「草木国土悉皆成仏」や「色即是空、空即是色」という言葉が教示するように、有限存在が開発・発展することによって無限と完全に一致し得るということである。清沢はこの道理を「万有開展論」と名づけて論証していくのである。

## 註

(1)『骸骨』『岩波』一、一五頁参照。
(2)『岩波』一、一八頁。
(3)「〔九〕自覚ノ一致」『岩波』二、五〇—五二頁参照。
(4)『岩波』二、五一頁。
(5)安冨信哉『清沢満之と個の思想』五一頁。
(6)田村晃徳「清沢満之における「霊魂」の理解」『印度学仏教学研究』第五二巻第二号、五三七頁。
(7)『岩波』二、五五頁。
(8)『岩波』二、五六頁。
(9)『岩波』二、五六頁。
(10)『岩波』一、一三五頁。
(11)『岩波』二、四頁。田村、前掲論文五三八頁参照。
(12)『ジーニアス英和大辞典』二〇五九頁参照。
(13)『広辞苑』二二一一頁参照。
(14)『岩波』三、二二七—二四三頁参照。
(15)「〔一七〕無限無数」『岩波』二、六一頁。
(16)「〔一六〕万有心霊」『岩波』二、六〇頁。

第五章

# 他力門における覚醒の構造

## 第一節　自利・利他・方便

清沢は「試稿」の「〔一六〕万有心霊」において、われわれ人間をはじめとする宇宙内の万有は、相互に関連し合って存在しており、万有は各自、自から他に対してなす動作、つまり能動（発動）的側面と、他から自に対してなされる動作、すなわち所動（受動）的側面の二つをそなえていると論じる(1)。それを受けて、「〔二一〕自利利他〔上〕」で次のように述べる。

今実際的ニ此等ノ動作ヲ観察スレバ自利利他ノ二用トナル　乃チ先ニ言ウ所ノ所動（或ハ受動）ハ是レ自利ノ用ニシテ能動（或ハ発動）ハ是レ利他ノ用ナリ（中略）能動ノ作用ハ必ズヤ他ニ到入セザル可カラザルナリ　而シテ到入スルモノハ必ズヤ他ヲ利スル所ナカル可カラザルナリ（若シ利スル所ナキモノハ忽チ排斥セラレテ到入スルコト能ワザレバナリ）　故ニ能動ノ作用ハ其能

ク能動ノ性能ヲ成就スル以上ハ常ニ利他ノ用タラザル可カラザルナリ　転ジテ所動ノ作用ヲ推論スルニ若シ夫レ自己ニ不利ナルモノナランカ　直ニ之ヲ擯斥シテ決シテ之ヲ受用スルコトナキナリ　故ニ所動ニシテ其性能ヲ成就スル以上ハ必ズ自己ニ利アル用タラザル可カラザルナリ

（『岩波』二、六三―六四頁）

清沢は、所動の作用とは、自己に不利なものは排斥してけっして受用しないことから、必ず自己に利をもたらすはたらき、すなわち「自利の作用」でなければならないと述べる。一方で、能動の作用とは、他にはたらきかけて他を必ず利するものでなければならないことから、それは「利他の作用」であると論じる。

このように「自利」と「利他」は、万有における所動と能動の正当なはたらきである。しかし、現実の人間（有限）の活動は、この正当な作用とは正反対の、「自ノ所動タルベキヲ他ノ所動トスルハ自害[2]」と、「自ノ能動タルベキヲ他ノ能動トスルハ害他[3]」という作用が混じるために、紛擾・錯綜することになる。ここに、この穢土においてまさに「自害害彼、彼此倶害[4]」しているわれわれの現実相が明確に指摘されている。そして次のように論じる。

万有ハ上説ノ如ク自他相対シ彼我相関シテ立ツモノナリ　故ニ心霊ノ実際的行為ニ於テハ茲ニ自利ト利他ト自害ト害他トノ四類ヲ生ズ　而シテ自害害他ノ行為ハ是レ事理ヲ誤レル迷乱ヨリ起ルモノナルガ故ニ正当ナル行為ハ自利ト利他トノ二種ナリトス　今無限ニ就テ之ヲ云ウニ無限ハ開展覚了ノ体ナレバ迷乱ノ存スベキナシ　故ニ無限ノ行為ハ自利利他ノ外アルコトナキナリ　其自

利ノ徳性之ヲ智慧ト云イ利他ノ徳性之ヲ慈悲ト云ウ（此智慧慈悲ノ二用ハ前智、情ニ相当スルモノナリ） 此二徳性ヨリシテ実際ノ行為ヲ生ズ 之ヲ方便ト云ウ（意ニ相当ス）

（「〔二二〕自利利他〔下〕」『岩波』二、六四―六五頁、傍点原文）

清沢は、人間に対して神仏（無限）は、すでに覚了した存在であるから、自利・利他の行為のほかに自害・害他という迷妄や混乱が生じることはないと述べる。そして、無限の自利の特性を「智慧」、利他の特性を「慈悲」といい、この二つの特性から生じる摂化・救済のはたらきを「方便」と定義する。この「方便」という特性は、有限心霊、すなわちわれわれ人間には存在しないはたらきである。清沢は、「心霊ハ皆悉ク智情意ノ三用ヲ具ウト雖ドモ自利利他方便ノ必然ニ至リテハ無限ニアラザレバ之ヲ明認シ難キナリ[5]」と記して、自利・利他・方便は無限でなければ明確に認めることはできないと論じている。ここに無限存在の特性を窺うことができる。

ところで、この自利・利他・方便の考究は、『浄土論』「障菩提門」の教説が背景にあると思われる[6]。

菩薩かくの如く善く回向成就を知りて、即ち能く三種の菩提門相違の法を遠離す。何等か三種。一は智慧門に依りて自楽を求めず、我心、自身に貪著することを遠離するが故に。二は慈悲門に依りて一切衆生の苦を抜く、無安衆生心を遠離するが故に。三は方便門に依りて一切衆生を憐愍す、心、自身を供養恭敬する心を遠離するが故に。（『真聖全』一、二七六頁）

菩薩は真実の智慧・慈悲・方便によって、自己の楽を求めたり自身に貪着したりすることから離れ、一切衆生を苦悩から救い福楽を与えようとする。清沢は、このような菩薩の摂化・救済の事業を、無限あるいは無限を覚知した存在に見出している。

それでは、無限による摂化・救済が提起される必然性とは何であろうか。清沢は「〔二四〕救済ノ必要」において次のように述べる。

抑有限ノ無限ニ到達スルハ其内性ノ無限力ヲ開展スルニアリト云ウ（所謂仏性ヲ開顕スルニアリト云ウモノ是ナリ）然レドモ彼ノ開展ノ事ハ夫レ自然ニ現起シ得ルモノナルヤ（中略）決シテ然ル能ワザルナリ　万有ノ開展ハ皆悉ク因縁果ノ法軌（骸骨参照）ニ従ワザル可カラザルナリ　而シテ結果ノ質量ハ常ニ因縁ノ質量ニ順ズルモノナリ　果シテ然ラバ今有限ガ開展シテ無限ノ結果ヲ得ンニハ必ズヤ因縁ノ中ニ無限元素ヲ具エザル可カラズ　而シテ因素ハ則チ現在ノ有限ナリ　故ニ無限ハ必ズ縁素ニ存セザル可カラズ　即チ有限ノ因ヲシテ無限ノ果ニ達セシムルノ縁ハ其用無限タラザル可カラザルナリ

（『岩波』二、六六頁）

前章で「万有開展論」について論じたが、そもそも有限が開発・発展して無限に到達するためには、因縁果の法則にしたがって、因か縁のなかに必ず無限の要素をそなえていなければならない。なぜなら、結果の質量は因と縁の質量に一致するからである。しかし、因であるわれわれは、常に自害害他して煩悶憂苦する無明の身である。したがって、このような有限（因）が無限（果）に至るためには、無限の縁が作用しなければならない。この有限にはたらく縁こそが「無限の方便」である。

ここで注目すべきは、「因素ハ則チ現在ノ有限ナリ　故ニ無限ハ必ズ縁素ニ存セザル可カラズ」と述べ、有限の内部に無限の存在が潜在することを認めず、自己の外部、すなわち縁素に無限の存在を確かめて、無限による救済の必要性を説示していることである。この点からも、清沢は「試稿」において、自力門ではなく他力門の立場に身を置いて、有限存在の救済について推究していることが窺われる。

次に清沢は、その縁素の内実について考察していく。

実際ノ悟道ニ於テハ或ハ有限ノ縁（飛花落葉）ニ由テ得ルヤノ形跡ナキニアラザルガ如シト雖ドモ是レ未ダ縁ノ有限ナルコトヲ証明スル能ハザルモノナリ　何ントナレバ此ノ如キ場合ノ有限ハ其実無限ノ表徴タルヤモ計ラレザレバナリ　（［二二四］救済ノ必要」『岩波』二、六六頁）

有限な凡夫の眼には、われわれに無限としてはたらく縁も、有限な縁として映ってしまうかもしれない。しかし、有限である因を無限の果へと到達させる縁は、そのはたらきにおいて当然、無限でなければならない。清沢はこのことを、晩年の講演で次のように語っている。

精神主義と云うは、宗教的見地に立ちて、私共の如き力の足らぬ者が、他力の無上の力に依りて、其力を進むるのであると云えます。客観主義では、他の人に就て、善悪等の判断を下すが、精神主義では、そうではないのである、例えば自分を殺しに来た者があるにしても、其殺されんとした為めに悟を開いたとしたならば、其殺さんとして来た罪人は、自分にとりて善知識である、如来の大命を奉じた使であるのであります。又私共の家へ盗賊が這入っても、其盗まれたことに就て、私共が自覚する所があり、啓示を齎らしたならば、世間では縦令罪人であると云わるるも、私にとりては決して罪は認めぬのであります、却って善知識であると喜ぶ次第であります。

これは清沢が自己の信念である「精神主義」について、客観主義ではなく主観主義であることを唱道している一節である。他者にとっては有限に見えるものも、他力の信念に立脚すれば、自己においては善知識、すなわち如来の大命を奉じた使徒として領受される。この清沢の譬喩について、今村仁司は次のように述べる。

（「精神主義〔明治三十五年講話〕」『岩波』六、一七〇頁）

ここでは暴力が平和に転化している。「殺人者」である他者のなかに、無限が通過した痕跡がある。殺人者は如来の使いであるというのがそれだ。（中略）殺人者に対面して「ハッタと悟る」という場合、殺人者は縁であり、縁によって接触するのが無限である。殺人者の「顔」のむこうに無限の視線と表情がみえる瞬間がある。その瞬間を経験するときが、無限との接触の経験である。

（『現代語訳　清沢満之語録』四八六―四八七頁）

殺人者である他者のなかに無限が通過した痕跡を見出すとは、殺人者のなかに無限の表徴を感受するということであろう。この場合、殺人者や盗賊は、自己の悟りにとっては無限のはたらきであると了解される。ここに、われわれ有限に対して縁としてはたらく「無限の方便」の真相が、あらためて討究される必然性が生じるのである。

## 第二節　無限の変現

清沢は「〔二六〕方便」において、「方便」の意義について次のように論じる。

抑吾人ノ方便ヲ説ク彼ノ無限ノ悲智運用ノ大活路トスルニアルナリ　其対接スル所ハ固ヨリ有限ノ心霊タリ（中略）無限ガ其本真実相ノ儘ヲ以テセンカ　有限ハ到底之ヲ受用スル能ワザルナリ一段ノ巧策ニ依テ以テ接化ノ業ヲナサザル可カラザルヤ論ヲ待タズ　是ニ於テカ真実至誠ノ妙智ヲ動カシ茲ニ有限ニ通接スベキノ大活路ヲ設ク（中略）方便ハ無限ノ真相ヨリ出デテ有限ノ当相ヲ完収セザル可カラザルナリ　乃チ無限ヨリ出デテ有限ニ接シ有限ヲ転ジテ無限ナラシメザルベカラザルナリ（『岩波』二、六九―七〇頁）

仏教書によれば、「方便」には「虚構詐謔ノ事」(7)と「至重ノ必須方法ノ事」(8)という正反対の意義がある。しかし清沢は、「方便」とは有限心霊に対して無限の智慧と慈悲を運用する大いなる活路であるという。有限は真実そのものである無限をそのままの相で受用することはできない。したがって、無限はその本性を棄却して、善巧をもって有限に接近しなければならない。このように「方便」とは、無限の真相から出て有限の現実に即応し、有限を無限に転化させるはたらきを有する。清沢は、この無限の変現について次のように述べる。

無限ノ変現トハ無限ガ変ジテ有限ノ形式ニ顕現スルナリ　有限ノ形式トハ他ナシ　空間時間ノ経

緯ニ於ケル因果的事業ヲ起シテ以テ有限通入ノ門戸ヲ開示スルニアリ（法蔵比丘ノ因源果海ノ徳相即是ナリ）
（「〔二六〕方便」『岩波』二、七〇頁）

無限は、空間的・時間的に自己を限定して顕現することによって、有限（衆生）の摂取・救済を行う。その内実を清沢は、一如より形を現した法蔵比丘（阿弥陀仏）の相に確かめていこうとする。「〔二八〕疑難」には次のように記されている。

絶対無限ハ凝然真如ナリ　相対無限ハ随縁真如ナリ　凝然真如ハ其名ノ如ク湛然トシテ不作一法ナリ　随縁真如モ亦其名ノ如ク縁ニ随テ造作諸法ナリ　今有限ノ衆生ヲ縁トシテ大悲ノ方便ヲ垂ルルハ則チ此随縁真如ノ妙用ナリ（中略）他力門ニハ不変真如随縁真如ヲ法身上ニ区別シテ法性法身方便法身ト云ウ　其方便法身トハ因果的報身仏ナリ
（『岩波』二、七四—七五頁）

ここで清沢は、『大乗起信論』の真如縁起の教説を踏まえて、無限に「絶対無限」と「相対無限」の二面があるという[9]。絶対無限とは凝然真如、つまり不動不作、湛然寂静なる法性法身のことである。それに対して、相対無限とは随縁真如、すなわち因果の形式（流転門と還滅門）によって有限界に現前・現成する方便法身のことである。このように清沢は、無限の実相について二種法身説を手がかりとして推究する。

上の国土の荘厳十七句と、如来の荘厳八句と、菩薩の荘厳四句を広とす。入一法句を略とするなり。何の故にか広略相入を示現したまうとなれば、諸仏・菩薩に二種の法身まします。一には法性法身、二には方便法身なり。法性法身に由って方便法身を生ず。方便法身に由って法性法身を出だす。この二の法身は、異にして分かつべからず。一にして同ずべからず。この故に広略相入して、統ずるに法の名をもってす。菩薩もし広略相入を知らずば、則ち自利利他にあたわじ。

(『真聖全』一、三三六―三三七頁)

これは、曇鸞が『浄土論註』下巻の「浄入願心章」において、荘厳仏土功徳成就・荘厳仏功徳成就・荘厳菩薩功徳成就という三種の荘厳功徳成就と一法句について、広略相入の関係であることを明らかにする文である。一法句とは法性法身であるが、その法性法身から方便法身を生み出すことを「生ず」といい、方便法身によって法性法身を現すことを「出だす」という。そして、この二つは不可分・不可同の関係であると述べる。法性法身とは一如法性の仏であり、方便法身とは衆生に形を示現することを通して衆生を救済する仏である。

曇鸞は同じく『浄土論註』下巻「障菩提門章」において、「方便」の語を註釈して、

正直を「方」という、外己を「便」という。正直に依るが故に一切衆生を憐愍する心を生ず。外己に依るが故に自身を供養し恭敬する心を遠離す。

(『真聖全』一、三四〇―三四一頁)

という。これによって方便法身とは、まさに一切衆生の救済を願って出現した如来であると了解できる。この曇鸞の二種法身説を受けて、親鸞は『唯信鈔文意』において、

法身はいろもなし、かたちもましまさず。しかればこころもおよばれずことばもたえたり。この一如よりかたちをあらわして、方便法身ともうす御すがたをしめして、法蔵比丘となのりたまいて、不可思議の大誓願をおこしてあらわれたまう御かたちをば、世親菩薩は尽十方無碍光如来と

なづけたてまつりたまえり。この如来を報身ともうす、誓願の業因にむくいたまえるゆえに報身如来ともうすなり。

（『定親全』三、和文篇、一七一頁）

と述べる。法性法身から方便法身として現れ出た法蔵比丘は、本来の法性すなわち真如から生死流転する衆生の上に現前・現成することによって、衆生救済の大誓願を行じる。もとより法性法身はわれわれ衆生の思慮分別を超越したものであり、本来形を持たないものである。その形のない如来が願心の荘厳として形を取り、衆生が感覚できるものとして象《かたど》り現れることによって、如来は衆生の現実に限りなく相応することができるのである。

『末燈鈔』にも次のように述べられている。

無上仏ともうすは、かたちもなくまします。かたちのましまさぬゆえに自然とはもうすなり。かたちましますとしめすときには、無上涅槃とはもうさず。かたちもましまさぬようをしらせんとて、はじめて弥陀仏ともうす、とぞききならいてそうろう。弥陀仏は自然のようをしらせんりょうなり。

（『定親全』三、書簡篇、七三―七四頁）

本来、形を有しない無上仏が阿弥陀仏となって出現するのは、衆生に無上涅槃を知らせんがための「料」、すなわち方便である。世親が一心に帰命すると表白した尽十方無碍光如来は、真如そのものである法性法身より生じた方便法身であるが、その方便は、われわれ衆生に真如自身を覚知させるために形を現し名を示すのである。

このように、絶対無限は自己の無限なる本性を棄てて相対無限となり、相対世界に入って一切の有限存在を無限に転化させる活動を行う。この絶対無限、相対無限、有限存在の関係について、今村は次のように述べる。

無限と有限のかけはしは、両義的性格をもつもの（無限と有限の性格を同時所有するもの）しかない。仏教の学知の組織は、二部門構成ではなくて、三部門構成になる。すなわち、無限一般（無上仏）について語る存在論、展現無限を語る宇宙論または自然哲学（法則性としての縁起の理法）、特殊人間的なものを対象とする現象学的人間学（煩悩具足の凡夫的世俗界の学、自由と目的を原因性とする縁起の理法）。伝統仏教は、これを仏の三身として語ってきた。すなわち、法身、報身、応身である。三身は、覚者における覚醒の三つのアスペクトであり（真如法性、智慧、智慧の具現者＝覚者）、他方では学知の体系でもある。（『清沢満之と哲学』四八二頁）

無限と有限には絶対の断絶がある。したがって、両者がその絶対的隔絶を超えて関係を結ぶためには、無限と有限の両義的・中間的性格を有する存在が必要不可欠となる。それが相対無限、すなわち浄土門における阿弥陀仏である。このように今村は、他力門哲学の救済体系は、法身（真如法性）、報身（智慧）、応身（智慧の具現者＝覚者）の三部門構成であると論じて、清沢の語る「絶対無限―相対無限―有限存在」の関係を了解している。

## 第三節　法蔵比丘の降誕

さて、清沢は「試稿」の「〔二七〕無限ノ因果」において次のように自問する。

因果ハ有限ノ理法ニシテ無限ハ因果ヲ超絶セルモノナルコトハ喋々ヲ要セザルベシ（中略）然ルニ今無限ガ因果ノ形式ニ表現セントセバ必ズヤ先ズ其無限ノ本性ヲ棄却セザルベカラザルナリ　既ニ無限ノ品位ヲ棄却シテ有限ニ帰セシガ茲ニ再ビ無限ノ願行ヲ成就セズンバ本位ノ無限ニ還復スルコト能ワザルナリ　是レ願行ノ因ニ依テ還証ノ果ヲ得ザル可カラザル所以ノ原基ナリ　而シテ衆生済度ノ業事此間ニ成弁スル理由ハ如何ト云ウニ先ニ無限ガ其本位ヲ棄却スルハ抑何ノ為ナルヤ

（『岩波』二、七二頁）

そもそも因果とは有限内の理法であり、無限は本来、因果の道理を超絶したものである。にもかかわらず、なぜ無限はその本性を棄却して有限界に現出するのか。相対無限はどうして無限の願行を成就しようとするのか。これらの問いに対して、清沢は次のように自答する。

他ナシ衆生済度ノ大悲ニ起因スルモノナリ　衆生悲憐ノ為ニ無上ノ大覚ヲ棄却シ反テ迷界ニ投入ス　是レ其無上位ノ功徳ヲ譲テ衆生ニ恵施スルニ外ナラザルナリ　此ニ依テ衆生ノ能ク此功徳ヲ受用スルモノハ自己ノ行業ニヨラズシテ全ク他力ノ救済ニ与恵スルヲ得ルナリ（中略）無限譲与ノ功徳ニヨリテ有限大覚ノ利益ハ彼ノ展現有限ノ因果ノ内ニ包括セラルル所以ヲ知ルベシ　乃チ

彼ノ展現有限ガ元ノ無限ニ還復スル因ノ願行ニ於テ有限救済ノ本意ヲ発揚スル所以ハ蓋シ此故ナリ

（「〔二七〕無限ノ因果」『岩波』二、七二―七三頁）

無限は迷妄する衆生を悲憐するがゆえに、無上の大覚を棄却して迷界に自身を投入する。無限はその無上位の功徳を衆生に譲り施すことによって、衆生の救済という事業を完遂する。「無上位ノ功徳ヲ譲テ衆生ニ恵施スル」とは、如来の他力回向を意味しているであろう。清沢は、このような無限のはたらきを「展現有限」と名づけて、有限存在を包摂・救済する無限の大悲心を表現している。展現有限の願行、すなわち法蔵比丘の本願と修行は、衆生往生の増上縁、本願他力としてわれわれにはたらくのである。

この法蔵比丘の現前・現成について、曽我量深は次のように論じる。

「如来の救済」とは我等衆生を如来にすると云うことである。而して我々人間を如来の位に救い上げるが為めに如来は先ず御自の如来の御座を捨てて人間世界に降誕し給いた。久遠の如来が衆生救済の為めに因位の一比丘法蔵とならせられたは、正しく人間を救わんが為めには先ず救わるべき迷悶の人間の精神生活を実験せんが為めに外ならぬ。否法蔵比丘の出現は正に如来が人間精神の究竟の実験である。此実験の告白が本願である。本願とは他なし如来が何故に一人間となりしかを説明せしもの、法蔵出現の大精神の外に本願はないのである。

（『選集』四、三四一―三四二頁）

これは「法蔵比丘の降誕は如来の人間化也」と題した論考の一節である。絶対無限としての如来は、いったん有限界に沈潜することによって、一切の有限存在を摂取・救済する。曽我は、久遠の阿弥陀如来がその地位を棄てて人間界に降誕し、人間僧法蔵となって出現したのは、迷悶する人間を救済して如来位を恵施せんがためであると述べる。この現働こそ阿弥陀の本願にほかならない。

無限ガ此ノ如クシテ有限ニ譲与セル功徳ハ如何ニシテ其適当ノ利益ヲ施スニ至ルベキヤ他ナシ無限ガ其譲与ノ意向ヲ開示シテ之ヲ十方ニ明ナラシムルト有限ガ此開示ヲ認承シテ之ヲ受用スルニアリ　然リ而シテ此ノ如キ開示ト受用ハ蓋シ相対ノ事業ニシテ有限界内ノ現象タラザルベカラザルナリ　故ニ此事業ハ彼ノ無上位ヲ棄却シテ展現シタル有限ガ其願行ニ於テ之ヲ開顕セザル可カラザルナリ　（「〔二七〕無限ノ因果」『岩波』二、七二頁）

清沢は、無限がその功徳を譲与する意向を開示すると、有限はその施与された功徳を承認して受用すると述べる。この「開示」とは如来の回向であり、「認承」「受用」とは衆生の発信、すなわち信心を発起することであろう。

清沢は「〔四二〕他力信行」において、他力門の信行は凡夫の迷情を根本から控除すると述べた上で、有限心霊に発起する真実信心について、「無限的ノ妙用」(10)であり「顕在無限ノ回向賦与」(11)であると論じる。ここで清沢が、単に「無限」ではなく「無限的」「顕在無限」と記していることに注目したい。これは、一如法性より来生した阿弥陀如来のことであり、清沢の言葉でいえば、絶対無限が自己を限定して出現した「相対無限」「展現有限」のことを説示している。ここに、清沢が再構築した他力門仏教の救済の道理が披瀝されている。

清沢は「〔二九〕無限之因果」の冒頭で、真宗教学の綱格、すなわち「教・行・信・証」の四法について、次のように図示する。

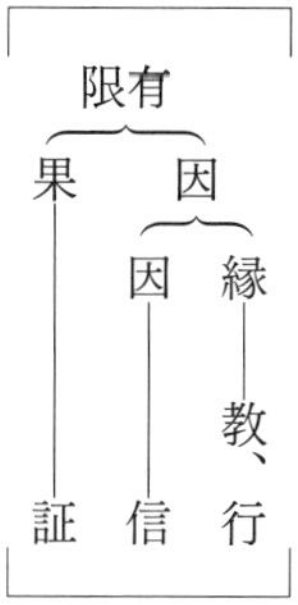


（『岩波』二、七六頁）

まず上図は、無限の因果を因と果に二分して、因素に因縁の区別があることを表している。ここに、無限による願行の実践、すなわち他力回向の願行の内実が究明されているが、ここで注目すべきは下図の四法の構造である。この図は、有限存在は「信」を因とし、「教」「行」を縁として、「証」果を獲得することを表しているが、これは親鸞の行信了解を的確に捉えたものであるといえよう。『教行信証』「行巻」には次のように述べられている。

良に知りぬ。徳号の慈父ましまさずは能生の因闕けなん。光明の悲母ましまさずは所生の縁乖きなん。能所の因縁、和合すべしといえども、信心の業識にあらずは光明土に到ることなし。真実信の業識、これ則ち内因とす。光明名の父母、これ則ち外縁とす。内外の因縁和合して、報土の真身を得証す。

（『定親全』一、六八頁）

これは報土得証の両重因縁を説示する文である。ここに衆生は、内因である真実信心と外縁である光明と名号とが和合して、はじめて報土の真実身を得証できることが明示されている。有限存在が真実証を獲得するための因素はあくまで真実信であり、真実行はわれわれにとって縁素としてはたらく。したがって、清沢の記した図は、親鸞の了解を正確に継承していると窺われるのである。

『骸骨』においても「試稿」においても、有限が開発して無限に進化する（還滅門）、あるいは無限が転回して有限に退化する（流転門）という「転化」の論理は、有限無限論を構想する上で重要な概念として捉えられていた。しかし『骸骨』では、その転化がいかにして可能になるかという道理について十分に解明されていないように思う。「試稿」において、有限世界で活動する相対無限、すなわち展現有限の実相が説示されて、はじめて有限と無限の動的な関係が明瞭になる。これによって、有限における覚醒の構造が究明されることになる。

## 第四節　無限協同体の開顕

清沢は『骸骨』「第六章　安心修徳」において、有限が安心（信心）と修徳（修行）の二つの要素を成就したならば、大覚を覚了して無限の妙境界に到達すると論じる。[12] この「無限の妙境界」こそが、「霊魂開発の極点」としての「至楽の境界」、すなわち安楽浄土である。[13] そして「試稿」においては、この浄土の実相について究明することになる。

清沢は「試稿」の「〔三〇〕願行成就（無限之因果）」において、無限の願行の「願」とは、「自利利他ノ大道心ヨリ起レル願望[14]」であり、「所謂極楽浄土或ハ安楽世界ノ建立[15]」のことであると述べて、その内実について次のように論じている。

因願果徳ノ一端ヲ摘述センニ願条無量ナリト雖ドモ自利利他共利ノ三種トスベシ　自利ノ願ハ其結果トシテ主荘厳ノ徳相ヲ成ズル所ノモノ仏ノ光明寿命等ノ徳相ニ関スル願是ナリ　次ニ利他ノ願ハ其結果トシテ眷属荘厳ノ徳相ヲ成ズル所ノモノ眷属ノ光明寿命ノ無量ヲ願ズル等是ナリ　此内特ニ一切ノ有限ヲ摂取スルノ願ヲ他力教ノ要願トス　第三ニ共利ノ願トハ主伴ノ両者ガ居住スル所ノモノニシテ国土清浄純善無悪妙楽円満等ノ徳相ヲ願ズル所ノモノ是ナリ　此ノ如ク願因ノ自利利他共利ト三様ナルニ応ジテ成果ニ主荘厳伴荘厳国土荘厳ノ三者アリ　安楽国土ノ荘厳ハ本願心ヨリ起ルコトヲ領解スベキナリ　（「〔三〇〕願行成就（無限之因果）」『岩波』二、八〇頁）

「浄土」という世界は、自利の願と利他の願と共利の願の三種から成り立ち、それに応じて、主荘厳、伴荘厳、国土荘厳という徳相を成就している。そして、その安楽国土の荘厳は、阿弥陀仏の本願より発起していると述べる。世親は、

また向に観察荘厳仏土功徳成就と荘厳仏功徳成就と荘厳菩薩功徳成就とを説きつ。この三種の成就は願心をもって荘厳す。知るべし。略して一法句に入ることを説くが故に。一法句とは、いわく清浄句なり。　（『浄土論』『真聖全』一、二七五頁）

と、荘厳仏土功徳成就と荘厳仏功徳成就と荘厳菩薩功徳成就は、願心によって荘厳されていると述べる。願心荘厳とは、浄土というものがどこかに実体的に存在して、それを荘厳するということではな

い。浄土は、浄土を荘厳する本願のほかにはないのである。

また、清沢は「〔三二〕三種荘厳」において、「天親菩薩浄土論ニ曰ク　二十九種ノ功徳三種ノ荘厳二種ノ〈世間〉清浄ハ一法句ニ略入ス　一法句トハ清浄句是ナリ」[16]と記していることからも、無限世界の様相について、世親の『浄土論』に示唆を受けながら推究していることが窺える。この清沢の浄土観について、安冨信哉は次のように指摘している。

浄土は、それぞれ本願によって、自利・利他・共利の徳が円満した、すなわち、主・伴・国土が有機的関係を結び、円満成就した世界であるといいます。浄土が主・伴・国土から成り立つということは、そこに暮らす住民とそれを取り巻く環境とから成り立つ具体的世界であることを意味します。その意味では、浄土は協同体です。同時に、浄土は無限界でありますから、それは、〈無限協同体〉ということができます。

（「個立と協同――石水期・清沢満之を手懸かりとして」『親鸞教学』第八二・八三号、一一二頁）

清沢は、『骸骨』で考究した「有機組織」「主伴互具」の概念を手がかりとして、浄土とは主・伴・国土が有機的関係を結んで円満成就した主伴互融の世界であるという。ここに浄土は、一切の有限存在に対して〈無限協同体〉として開顕されることになる。

そしてさらに清沢は、これら三種荘厳のうち、特に伴属荘厳の成就に無限協同体としての浄土の特性を見出していく。

独リ伴属荘厳ニ至リテハ是レ無限界ノ特象ニシテ有限界ニ見ル能ワザル所ノモノナリ　何ントナレバ有限界ニハ彼此各々箇々別立シテ互ニ相下ラザルガ其当相ナレバナリ　一有限ハ如何ニ之ヲ打撿スルモ其内ニ他ノ有限ヲ従容スベキ必然ヲ具エザルナリ　然ルニ無限ニ至リテハ全ク之ニ反シ一物モ其範囲外ニ存スルヲ許サザルナリ　故ニ有限如何ニ夥多ナリト雖ドモ皆無限ノ内ニ包括セラレザル能ワザルナリ　是レ無限ノ主尊ニハ夥多ノ伴属ナカルベカラザル基本ナリ

（「〔三三〕伴属荘厳」『岩波』二、八四頁）

清沢は、主荘厳と国土荘厳に対して、伴属荘厳だけが無限界の特別な事象であると述べる。なぜなら、有限界においては、有限と有限は個々別立して互いに他の有限を受容する必然性をそなえていないからである。したがって、有限界の万有心霊は、他の有限者に対して怨敵であるかのような迷謬をいだくことになりかねない。しかしながら、安楽浄土という無限世界においては、浄土に生まれた有限すなわち伴属は、互いに同等に連関し合って協同体を形成することができる。ここに、一切の衆生が同一の地平に立脚することのできる絶対的世界が開かれることになる。

荘厳眷属功徳成就は、偈に如来浄花衆正覚花化生と言えるが故に。これいかんぞ不思議なるや。おおよそこれ雑生の世界には、もしは胎もしは卵、もしは湿もしは化、眷属若干なり。苦楽万品なり、雑業をもっての故に。かの安楽国土は、これ阿弥陀如来正覚浄花の化生する所にあらざることなし。同一に念仏して別の道なきが故に、遠く通ずるに、それ四海の内みな兄弟とするなり。眷属無量なり、いずくんぞ思議すべきや。

（『真聖全』一、三二四—三二五頁）

これは、曇鸞が『浄土論註』下巻において、仏国土の荘厳功徳である荘厳眷属功徳成就について註釈している文である。「胎生・卵生・湿生・化生」とは、千差万別の雑生を生きねばならない人間存在の有限性をいい当てている。このような有限が、阿弥陀如来の安楽浄土に生まれることによって、「四海の内みな兄弟とする」浄土の眷属、同朋としての生を賜ることができる。ここに、無限世界における平等一味の徳相が明示されている。

清沢の晩年の論考に「真の朋友」と題した文章がある。そこには次のように記されている。

真の朋友と云わるべき根拠は、ヤハリ、宗教的根拠でなくてはならぬ、即ち絶対無限の他力を信ずると云うことが根拠でなくてはならぬ。其は何故かと云うに、絶対無限に根拠せざることは、皆有限不完全であるから、所謂有為転変を免れない、宗教的朋友は、彼も絶対無限に信憑し、此も絶対無限に信憑し、其信憑する所の絶対無限は、唯一不変であるがゆえに、此根拠の上に立つ所の朋友は、永久不変の朋友でありて、決して相離反することがない、又絶対無限に信憑して、常に満足の心に住するものなるがゆえに、互に相侵し相傷う様なことがない、（中略）故に真の朋友、即ち、永久不変の朋友は、必ずや、絶対無限の他力を信憑する上に立つ所の朋友でなければならぬ、即ち真の朋友は宗教的朋友でなければならぬ。（『岩波』七、三一〇—三一一頁）

清沢は、真の朋友とは宗教的根拠に立脚するものでなければならないと述べる。永久不変の朋友というのは、必ず絶対無限の他力を信憑する上に成立する関係でなければならない。たとえば、同郷や同学、同窓といった相対有限の不完全な事情を友情や信頼の根拠とする限りは、その有為転変を免れることはできない。したがって、われわれ有限存在は、唯一不変である絶対無限に帰依・信順することによって、はじめて真の連帯を構築することができる。これこそが、宗教的信念の確立の上に開かれる平等一味の地平、すなわち信仰協同体である。

さて清沢は、この有限と有限の連関について、「〔二六〕方便」において次のように述べる。

無限ノ方便ニヨリテ有限ガ開展シテ自ラ無限ニ到達ス　到達シ了レバ更ニ自ラ方便ヲ起シテ他ノ有限ヲ開展セシム　此有限モ亦自ラ無限ニ達セバ更ニ方便摂化ノ事ニ従ウ　此ノ如ク展転シテ底止スル所ナク目的ハ手段トナリ目的ハ手段トナリテ窮止スル所ナキナリ　（『岩波』二、七一頁）

有限は、無限の方便によってひとたび無限に到達したならば、自ら方便を起こして他の有限を開発・発展させようとする。そして、その有限もまた無限に進達すれば、さらに他の有限を摂取・教化しようとしてはたらく。このように、有限の開展は連綿と継続して停止することがない。この有限の展転・開発の様相は、親鸞によってたとえば、

尽十方の無碍光仏　一心に帰命するをこそ
　天親論主のみことには　願作仏心とのべたまえ
願作仏の心はこれ　度衆生のこころなり
　度衆生の心はこれ　利他真実の信心なり　（『高僧和讃』『定親全』二、和讃篇、八四頁）

と詠われた和讃と同様の内実を表していると思う。尽十方無碍光如来に帰命する一心は願作仏心であり、その心は衆生を摂取する心、すなわち度衆生心として展開する。それは衆生に成就した如来の大

慈悲心である。したがって、無限に帰依した有限は連続無窮にして休止することなく、他の有限を無限へと覚醒せしめるはたらきをなすようになる。

清沢はこの考察を受けて、「〔三四〕有限ノ信心（花開蓮現）」でさらに次のように論じる。

最初ニ一無限ノ開成スルアレバ其因果中ニ他ノ有限ノ開成ヲ包蔵シ此増上縁ニ依テ開成セル無限モ亦其他ノ有限ヲ開成セシメ展転引導シテ開発止ムコトナシ（中略）有限ノ願行ハ其内ニ一切有限ノ願行ヲ摂スベキコト論ヲ待タザルナリ　而モ亦各有限ノ有限的願行ニアラズシテ無限的願行ヲ摂スルナリ　乃チ一切有限ガ各々無限ニ開展セントスルノ願行ヲ摂尽スルモノナリ　然ラズバ無限ノ願行ハ真ノ無限ノ願行ニアラザル可ケレバナリ

（『岩波』二、八五頁）

この一節は、先に引用した「〔二六〕方便」の文章と同様の内実を述べているが、ここで注意すべきは、「有限ノ願行ハ其内ニ一切有限ノ願行ヲ摂スベキコト論ヲ待タザルナリ　而モ亦各有限ノ有限的願行ニアラズシテ無限的願行ヲ摂スルナリ」と推究している点である。[17] ここで語る「有限」とは、単なる有限存在ではない。それは、その内部に、無限へと開発・展開しようとする無限的願行を包摂した有限である。すなわち、他の有限を目覚ましめるはたらきを内包した有限である。このような有限存在について、今村仁司は次のように論じている。

往相と還相は、同一の事態の二つの側面である。同一の事態とは、「我」が無限に包摂された「自己」に目覚めるという事態である。目覚めることは、「同時に」二つのヴェクトルをもつ運動を含む。（中略）往の相は、「我」が無限的自己に目覚めること、すなわち「自己」が浄土に迎え入れられることを「知る」あるいは「悟る」ことである。それが「自利」の定義であろう。自利は、無限による「自己」（自我ではなく）の包摂であり、その感受である。（中略）還の相は、目覚めた自己と他人との関係をさす。還相は、対他関係である。目覚めた自己が他者に対して、覚醒させる相において関係する。目覚めた自己とは無限のなかの自己であり、無限による包摂と「同じ」振る舞いを他者にする。自己から他者へに向けて目覚めを贈与するのである。

（『清沢満之と哲学』七六頁）

ひとたび無限的自己に目覚めた有限存在は、他の有限存在に対しても覚醒を施与するはたらきをなすようになる。このように有限は、浄土という無限世界に触れることによって、その活動のベクトルが無限から有限へと転換せしめられるのである。

清沢によって考究された無限世界、それは三種荘厳によって成就された清浄国土であり、自利利他円満の安楽国土である。この浄土という絶対的境界において、迷妄する無数の有限は摂取・救済され、そこに一味平等の地平が開かれてくる。浄土は一切の有限存在にとって、〈無限協同体〉として開顕されるのである。

## 第五節　転迷開悟

清沢は「試稿」の「〔三七〕煩悩」において、宗教の目的についてあらためて次のように述べる。

宗教ノ目的ハ有限ヲ無限ニ開展セシメントスルニアリ　所謂転迷開悟ハ即是ナリ　迷トハ無限ヲ遠離スル境界ニシテ悟トハ無限ニ近合スル境界ナリ　此迷悟ノ分ルル所以ハ一ニ無限ヲ覚知スルトセザルトニ起因スルモノナリ

（『岩波』二、八九頁）

宗教の目的は、有限を無限へと開発・展開させることであり、われわれ人間の迷いを転じて悟りを開かせることである。すなわち、宗教の核心は「転迷開悟」にある。そして、この迷いこそが仏教でいう「煩悩」であり、有限存在を迷界に繋縛して煩悶苦悩させる原因である。清沢は、この迷悟が分かれる所以を、有限と無限の関係をもとに次のように推究している。

有限無限ノ関係ヲ覚知セザル（即チ無限ヲ覚知セザル）本源ヨリシテ能所彼我隔歴ノ妄見ヨリシテ乃至八万不可計ノ塵労門ニ繋在スル境界之ヲ名ケテ迷界ト云イ此界ノ住者ヲ凡夫ト云ウ　之ニ反シテ彼ノ顛倒ノ妄見ヲ翻掃シ有限無限ノ関係ヲ覚知セル（即チ無限ヲ覚知セル）ヨリ以上ノ境界之ヲ名ケテ悟界ト云イ此界ノ住者ヲ聖人ト云ウ

（「〔三九〕迷悟凡聖」『岩波』二、九二頁）

そもそも有限には、無限に対する関係と他の有限に対する関係が存在する。しかし、もし有限が無限を覚知しないならば、有限無限の有機組織、主伴互具の関係を覚了することなく、他の有限や無限自体に対して顛倒の妄見をいだくようになる。それに対して、そのような迷情を翻転して有限無限の関係を覚知したならば、有限は妄見の世界を離れることができる。ここに、迷界に住する凡夫と悟界に住する聖人との差異が生じることになる。

清沢は「〔四二〕〔獲信因果〕」において、有限存在が信心を獲得する因果、つまりわれわれ一人一

人が清浄の信心を開発する時機について、

有限無限両者ノ因果相湊合シテ茲ニ初メテ有限獲信ノ時機到来スルコト豈然ラズト云ウヲ得ンヤ

(『岩波』二、九四頁)

と述べる。無限の平等の大悲は十方世界を平等に照曜しており、無限の因果は時機を問わず成就している。にもかかわらず、有限が信心を獲得する因果に相違が生じるのは、有限が自分自身で無限の光明を受用できないようにしているからである。ここに有限の根本無明性を窺うことができよう。

次に清沢は、信心を獲得した有限存在の内景について考究していく。「〔四三〕正定不退」では次のように記している。

他力門ノ信者正信獲得已後ヲ正定聚不退位ニ住スト云ウ　正定聚トハ正ニ大果ヲ成ズルニ定マル〈リタル〉聚類ノ義ニシテ又宗教上ノ大安心正ニ定リタル聚類ノ義ト云ウベシ

(『岩波』二、九五頁、傍点原文)

清沢は、浄土真宗の鍵概念である「正定聚」という言葉を用いて、それは有限の心身を有しながら、ただちに無限の資格があることを自覚する境地であると明らかにする。これは、親鸞が『教行信証』「証巻」において、

煩悩成就の凡夫、生死罪濁の群萠、往相回向の心行を獲れば、即の時に大乗正定聚の数に入るなり。正定聚に住するが故に必ず滅度に至る。

(『定親全』一、一九五頁)

と自釈した文と同様の内実を表している。煩悩具足の凡愚は、本願の名号に開かれる真実信心を獲得

することによって現生に大乗正定聚の位に住し、そして正定聚に住するがゆえに、必ず滅度に至る大般涅槃道に立脚せしめられる。このように親鸞は、選択本願の行信が実現する往生道を難思議往生として顕揚するが、清沢の考究は、この親鸞の了解を正確に聞き当てているといえよう。

さて、「試稿」の「〔四三〕正定不退」では、他力門の正定聚不退転者の様相を、自力門の信奉者と対比して次のように論じる。

他力門ノ正定聚不退転者ハ自己ノ行業ニ依ラズ　純ラ他力ノ救済ニ任ズルモノナルガ故ニ此地位ヨリシテ彼ノ大果ニ到ルニ夥多ノ階次ヲ経ルヲ要セズ　此土命終ノ立所ニ大般涅槃ノ妙果ヲ証得ス（中略）自力門奉教者ハ仮令一段ノ不退位ニ達スト雖ドモ其上ノ階次ハ更ニ幾何ノ難行苦修ヲ勉メズバ妙覚ノ大果ニ進ム能ワザルガ故ニ不退位ノ歓喜モ亦前途進修ノ念慮ニ擾妨セラルルヲ免ガレザルナリ　是レ他力門ノ不退位ハ前後二途ニ対シテ正定ノ歓喜地ナリト雖ドモ自力門ノ不退ハ只後途ニ退転ノ憂苦ヲ除キタルノミニシテ前途ノ証果ニ対スル煩慮ヲ去ラザルノ大差違アルニ由ルモノナリ

（『岩波』二、九五―九六頁）

他力門の信奉者は、自己の行業にはよらず、専一に他力の救済に身を任せるわけであるから、ひとたび現生正定聚の位に住したならば、必ず無上大涅槃を得証することができる。したがって、これ以降は段階的な「階次」を経る必要がない。しかし自力門の信奉者は、一段の不退転の位に到達したとしても、それは再び迷界に退転するという憂苦を除去するのみで、未来の涅槃の妙果のためには、さらに段階的な難行苦行を修めなければならない。それゆえに不退位の大慶喜心を相続することはできない。ここに、自力門の不退位と他力門の不退位の差異が明確に示されている。

清沢は、絶筆「我は此の如く如来を信ず（我信念）」において、自己の信念を次のように表白する。

私の信ずる如来は、来世を待たず、現世に於て既に大なる幸福を私に与えたまう、私は、他の事によりて多少の幸福を得られないことはない、ケレドモ如何なる幸福も、此信念の幸福に勝るものはない、故に信念の幸福は、私の現世に於ける最大幸福である、此は私が毎日毎夜に実験しつつある所の幸福である、来世の幸福のことは、私はマダ実験しないことであるから、此処に陳ることは出来ぬ、

（『岩波』六、三三三頁）

私の信ずる如来、すなわち阿弥陀如来は、信念確定の一念に平穏と安楽を賦与するのであり、世間のいかなる幸福もこの信念の幸福に勝るものはない。信念の幸福は現世における最大の幸福である。清沢はこのように述べて、来世の幸福、つまり死後往生の観念を破って、他力救済の現在性を明らかにしている。

ところで、清沢は『骸骨』「第六章　安心修徳」において、自力門と他力門の教説の差異について次のように論じている。

自力門には有限が進で之〔無限：筆者註〕を得るものなるが故に所謂自力発得の安心なり　是れ有限の安心なり　然るに他力門にありては無限よりして之を与うるものなるが故に所謂他力回向の安心なり是れ無限の安心なり　此の如くなるが故に自力門の安心は軽く他力門の安心は重きこと勿論なり　是れ他力門の安心あることを認むるは易きも自力門の安心あることを認むるの難き

所以なり（中略）自力門の行は無限行なり　他力門の行は奇零行なり　（『岩波』一、三〇頁）

すでに第三章で述べたように、清沢は『骸骨』においては、自他力二門に対して優劣をつけることなく客観的に論究していた。しかしここでの記述には、両門の優劣が暗示されているように思う。清沢は、自力門の安心は「自力発得の有限の安心」であるために軽く、他力門の安心は「他力回向の無限の安心」であるために重いという。また、自力門の修行は「無限行」であり、他力門の修行は「奇零行」であると述べる。したがって、自力門の行者は、無限の修行の果てに自力有限の信心を得るのに対して、他力門の信者は、自力の行業を修することなく他力無限の信心を獲得することができる。ここに、すでに『骸骨』においても、自力門に対する他力門の優位性が示されているといえるのではないだろうか。

## 第六節　信後の風光

さて、清沢はさらに、正信決定後の有限存在の内面の実相について究明していく。「試稿」の「〔四五〕信後風光」では次のように述べている。

獲信ノ得益甚ダ多〈条〉緒ナリト雖ドモ一括シテ之ヲ云ウトキハ宗教ノ目的ヲ遂成シテ信者ノ心底一大安喜ノ発現スルニアリト云ウ可シ　所謂慶喜歓喜ト称スルモノ是ナリ（中略）然レドモ信心決定ノ行者必シモ忽チ全ク仏陀ト化シ常ニ浄土ニ住スルニアラズ　彼ノ自力門大悟ノ大士モ亦

悟後ノ修行ノ完カラザル間ハ生身ノ仏陀ニアラザルガ如ク他力教門ノ信者其信心実金剛ノ堅ヲ持スト雖ドモ若シ夫レ煩悩紛起シテ邪念強盛ノ時ニアリテハ或ハ外道悪魔ニ近似スルコトナシト云ウ能ワザルナリ

（『岩波』二、九七―九八頁）

信心を獲得した他力門の信者は、正定聚の位に住し平生業成の大慶喜心を得る。そして、この心は常に相続して断絶することはない。したがって他力門の信者は、さらなる行業を修する必要はない。しかしこのことは、信心決定の行者が完全に仏陀となったり、常に浄土に住したりすることを意味するものではない。他力門の信者は金剛の信心を獲得するのであるが、現生に有限の生身を有する限り、過去曠劫已来の悪業煩悩がこの身に生起するのである。

清沢はその晩年に、自己と他力救済の教えとの関係を、次のように表白している。

我他力の救済を念ずるときは、我が世に処するの道開け、
我他力の救済を忘るるときは、我が世に処するの道閉ず、
我他力の救済を念ずるときは、我物欲の為に迷さるること少く、
我他力の救済を忘るるときは、我物欲の為に迷さるること多し、
我他力の救済を念ずるときは、我が処する所に光明照し、
我他力の救済を忘るるときは、我が処する所に黒闇覆う、

（「〔他力の救済〕」『岩波』六、三二九頁）

「濁浪滔々の闇黒世裡」[18]、すなわち、濁った波がとどまることなく押し寄せる闇黒の世のなかにあっ

ても、人間存在の目覚めを促してやまない阿弥陀の本願を憶念するとき、自分自身が真に救済される道が開かれてくる。しかし、ひとたび自我関心に心を奪われるならば、歩むべき道は黒闇に覆われ閉ざされてしまう。清沢は、このように他力門における信心の内景を思念して、親鸞の他力救済の教えを「処世に於ける完全なる立脚地」(19)として顕揚する。

清沢は「試稿」において、有限な自己の自覚に立脚しながら、しかもその有限が無限に転化・進達し得る可能性を論理的に推究する。すなわち、凡夫としての分限を自覚しながらも、転迷開悟の構造を自覚的に解明しようとする。それは、一切の有限存在が平等に摂取・救済される他力門の行道を開顕しようとする清沢の求道心、宗教心の表れにほかならない。ここに、他力門哲学における覚醒の構造が究明されることになる。

## 小結

曽我量深は、清沢の師恩・学恩について、同じ明治期における浄土真宗の先覚者たちの功績と比較しながら、次のように顕彰する。

東西本願寺の先覚者たちは、いろいろ仏教界のためにお尽くし下さったご恩というのは、私どもは忘るることはできないわけであります。しかしですね、(中略)これらの多くのお方々は、やはりこの上層建築の事について、大へんにまあお骨折り下されたという事を思うのであります。

だからそれらの方々の中においてですね、上層建築のことよりも、もっぱら基礎工事、つまりこの仏教、特に浄土真宗のおみのりについての基礎工事のために、短い一生がい《ママ》をささげられたのが、わが清沢満之先生である。（中略）私は、清沢先生という方は、他の先覚者たちと色彩を異にしておると思うのでございます。

（『他力の救済――清沢満之師「他力の救済」について』八三―八四頁）

明治時代に活躍した先覚者の功績を建築に譬えるならば、多くの先達は仏教界の上層建築について尽力したのに対して、清沢ただ一人が、仏教、特に浄土真宗の教学の基礎工事に専念することに一生を捧げた。したがって清沢の存在は、他の先人たちと比べて特別な存在である。曽我はこのように述べて、清沢への謝念を表白し恩徳を讃仰している。

そしてさらに、

基礎工事と申しますのは、まあ『大無量寿経』で申しますならばですね、法蔵菩薩、因位法蔵菩薩、つまり因位法蔵菩薩の仕事を引き受けて、一生がい《ママ》をささげられた方が清沢満之先生であると、こう申すべきであろうと思うのであります。

（『他力の救済――清沢満之師「他力の救済」について』八五頁）

と述べて、浄土真宗の基礎工事に献身した清沢の志願を、因位法蔵菩薩の願心にまで遡って明らかにしている。まさに清沢は、近代において親鸞の本願他力の思想を再興した思想家であり、近代真宗教学の基礎を確立した仏教者であった。

ところで、第一章の「緒論」で述べたように、清沢の生涯や思想について、前期（哲学期）と後期（宗教期・信念期）に大きく二分して了解する見方が、これまで一般的であった。そして「試稿」は、その特徴的な題名から、哲学期に分類される思想書として捉えられ、あまり積極的には読解されてこなかったように思われる[20]。しかし、清沢の没後百周年（平成一五〈二〇〇三〉年）を期して編纂された岩波版『清沢満之全集』の刊行を大きな転機として、哲学思想側からの考究が積極的に行われ、「清沢と哲学」の関係が見直されはじめた。そしてその成果の上に、特に近年は、清沢の思想に一貫性を読み取ろうとする研究や議論が盛んである[21]。

それらの研究成果には大いに示唆を受けるが、しかしながら本書の主題は「宗教的覚醒の様相と内実」を問うことにある。この場合、第Ⅱ部を通して考究してきたように、「試稿」には、自力門・他力門併存という立場（『骸骨』）から、他力門への帰依という転換を明らかに窺うことができる。確かに、『骸骨』執筆時の清沢にとって、『骸骨』は「予の信仰の中心[22]」という意味を持っていたのであろう。しかし、肺結核の悪化によって自己の死生の問題に直面し、また宗門学事の振起が頓挫した清沢にとって、真の心の平安すなわち安心立命は「他力門中の他力門」に希求されたのであった。

したがって「試稿」は、これまで論じてきたように、また先行研究で指摘されているように、『骸骨』で構築された哲学体系を基本構想として、さらに他力門哲学、すなわち真宗教学の理論的構造を解明した論稿であると、一応はいうことができよう。清沢は、他力門の教学を西洋哲学の言語と概念を用いて究明することによって、その独自の意味を再構築した。そういう意味では、「試稿」は浄土真宗の綱格を明らかにした基礎工事的著作である。しかしその営為は、単なる学理的・理知的関心によるものではなかった。「明治廿七八年の養痾に、人生に関する思想を一変し略ぼ自力の迷情を翻転し得たり」[23]と述懐するように、肺結核を患い、まさに死と隣り合わせの緊迫した状況のなかで、有限なる自己の立脚地を浄土真宗の教えに求める懸命の営為であったのである。

「試稿」の大きな特徴は、本章で考察したように、無限と有限の間に存在する絶対の断絶を超えてはたらく相対無限（展現有限）、すなわち阿弥陀如来の摂化・救済を論究した点にある。阿弥陀の本願他力の救済は、清沢の自力無効の自覚に見出された。そして、そこに成就する他力の信念は、煩悶憂苦する迷悶者に大いなる心の平安を賦与する。したがって「試稿」には、有限の心身でありながら、無限の大果を感受する他力門哲学の覚醒の構造、浄土真宗の救済の精髄が披瀝されているのである。

## 註

（1）「宇内ノ万有ハ彼此相関係聯絡シテ存在セザル可カラズ（中略）トセバ万有ハ皆各々能所ノ動作ヲ備エタルモノナリ」（「〔一六〕万有心霊」『岩波』二、六〇頁）。
（2）「〔二一〕自利利他〔上〕」『岩波』二、六四頁。
（3）「〔二一〕自利利他〔上〕」『岩波』二、六四頁。
（4）『大経』『真聖全』一、一五頁。
（5）「〔二三〕自利利他及方便ノ必然」『岩波』二、六五頁。

(6) 神戸和麿「清沢満之の名号論――如実修行相応」『親鸞教学』第八〇・八一号、一二三―一二四頁参照。
(7) 「〔二六〕方便」『岩波』二、六九頁。
(8) 「〔二六〕方便」『岩波』二、六九頁。
(9) 安冨信哉「個立と協同――石水期・清沢満之を手懸かりとして」『親鸞教学』第八二・八三号、一〇九―一一〇頁、西本祐攝「清沢満之の「現在安住」」『大谷大学大学院研究紀要』第二〇号、七四―七六頁参照。
(10) 『岩波』二、九三頁。
(11) 『岩波』二、九三頁。
(12) 『岩波』一、三〇頁参照。
(13) 『岩波』一、三一頁参照。
(14) 『岩波』二、七九頁。
(15) 『岩波』二、七九頁。
(16) 『岩波』二、八二頁。
(17) 傍点を付した「有限ノ願行」について、今村仁司と藤田正勝はともに「無限の願行」と読み替えて現代語訳を行っている（今村『現代語訳　清沢満之語録』一四四頁、藤田『現代語訳　他力門哲学骸骨』一〇三頁参照）。しかし、本文でも言及しているように、この「有限」は、単なる迷妄存在としての有限を指すのではなく、無限を覚知した有限、他者の覚醒に積極的に関与する有限を意味していると思われる。したがってここは、清沢の誤記などではなく、原文通りに読むべきであろう。
(18) 「〔他力の救済〕」『岩波』六、三二九頁。
(19) 「精神主義」『岩波』六、三頁。

（20）早い段階から「試稿」の思想内容に着目・考察した研究として、西山邦彦「清澤満之の哲學的基礎」（『清澤満之の研究』）が挙げられる。

（21）たとえば加来雄之は、清沢は「宗教哲学講義」（『教学誌』所載）において、宗教哲学を「総関宗教哲学」と「特殊宗教哲学」に分類するが、この構想からすれば、それぞれ『骸骨』と「試稿」に該当すると論じて、『骸骨』執筆時から「試稿」は想定されており、表現の方法は変化しても一貫する課題は変わっていない、と述べている（「解説「哲学骸骨」という課題」『清沢満之「哲学骸骨」集』二一二頁、『天命に安んじて人事を尽くす——清沢満之の求道における自己と他者』一〇〇—一〇二頁参照）。

また田村晃徳は、「『骸骨』とそれ以降〔絶筆「我信念」に至るまで：筆者註〕の思索は変化、深化はあっても、継続であり断絶ではない」と述べて、『骸骨』は清沢のその後の思索を支えた思想的骨格である、と論じている（「満之の骨格——『宗教哲学骸骨』を中心に」『現代と親鸞』第三三号、四一頁参照）。

（22）『信仰坐談』『岩波』九、四三五頁。

（23）「〔明治三十五年当用日記抄〕」『岩波』八、四四一頁。

# 結　一切群萌の救済

本書では、真宗教学における覚醒とは何か、それはいかにして一切衆生に開かれるかという問題について、親鸞と清沢満之の思想を通して考究してきた。最後に、浄土真宗の救済の内実をよく表している「正信偈」の文を尋ねたい。親鸞は、群萌における信心獲得の様相を次のように述べる。

五濁悪時の群生海、如来如実の言を信ずべし。

よく一念喜愛の心を発すれば、煩悩を断ぜずして涅槃を得るなり。

凡聖、逆謗、斉しく回入すれば、衆水、海に入りて一味なるが如し。（『定親全』一、八六頁）

われわれは「五濁悪時の群生海」と呼びかけられる存在である。「五濁」とは「劫濁・見濁・煩悩濁・衆生濁・命濁」[1]の五つであり、それぞれ大切な意味を有している。ただ、ここで注意すべきは、この呼びかけは、釈尊在世の頃と特定のある時代とを比べて、人間の資質や社会状況が濁ってきているという相対的事象を指してはいないということである。この言葉が経言（教言）である限り、どの時代を生きる者にとっても等しく呼びかけられている真理の言葉である。

そのような五濁悪時を生きるしかない私たちであるが、「一念喜愛の心」すなわち信心獲得の一念に、いかなる人も「斉しく回入」して「一味」となる世界が開かれてくる。なぜなら、私たちに成就する信心は、個々別々の自力の信ではなく、われわれの側に根拠を持たない本願力回向の信心だからである。これらの文は、自利各別の心身を生きざるを得ないわれら凡夫に、平等一味の本願海が開示されることを語り告げている。

では、本願力回向の行信によって一味平等の救済がもたらされたならば、これで凡夫の救いは完成したかといえば、けっしてそうではない。親鸞思想における覚醒の構造、救済の独自性は、次の「正信偈」の文に明確に示されている。それは二つの「ども」という逆接の接続詞によって結ばれる点にある。

摂取の心光、常に照護したまう。すでによく無明の闇を破すといえども、
貪愛瞋憎の雲霧、常に真実信心の天に覆えり。
譬えば日光の雲霧に覆わるれども、雲霧の下、明らかにして闇きことなきが如し。

（『定親全』一、八六―八七頁、傍点筆者）

まず阿弥陀仏の智慧の光明が、太陽の光に譬えて語られている。この光によって照破されるのは「無明の闇」、つまり衆生の無智であり人間の根本無明である。たとえば『一念多念文意』には、「凡夫」というは、無明煩悩われらがみにみちみて、欲もおおく、いかり・はらだち・そねみ・

ねたむこころおおくひまなくして、臨終の一念にいたるまでとどまらず、きえず、たえず……

（『定親全』三、和文篇、一四九頁）

と述べられている。凡夫とは無明煩悩が満ちみちて、臨終の一念に至るまで絶えることがない存在である。このようなわれら凡愚は、浄土真宗の教えに出遇う前は、無明の黒闇のただなかを彷徨《さまよ》っているようなものである。それがひとたび阿弥陀の摂取の光明に照射されたならば、その黒闇はたちどころに照破されて、人生の夜明けを賜ることができる。

しかしながら、私たちはこの生身を有する限り、貪愛や瞋憎といった煩悩そのものを断ち切ったり、消し去ったりすることはできない。「涅槃」は「滅度」ともいうが、煩悩が滅せられた状態は、有限存在にとっては死を契機としなければ成就しない境地である。つまり、臨終の一念まで消えることがないのが煩悩である。その煩悩が真実信心を覆ってしまうのである。

では、貪愛・瞋憎の雲霧が真実信心を覆ってしまったならば、われわれは再び無明の闇に堕してしまうのだろうか。否、そうではないことを、二つ目の「ども」が示している。それが「譬えば日光の雲霧に覆わるれども、雲霧の下、明らかにして闇きことなきが如し」の一文である。ここに譬喩表現を通して、浄土真宗の救済の独自性が披瀝されている。確かに太陽に雲霧がかかれば、私たちは太陽の光を直接感受することはできない。ときには曇天とも雨天ともなり得る。ただしそれは、もとの無明の黒闇に戻ってしまうことと同質ではない。信心獲得の一念に、われわれはすでに阿弥陀の摂取・救済の掌中にある。まさに、

「貪愛瞋憎之雲霧常覆真実信心天」というは、われらが貪愛瞋憎をくも・きりにたとえて、つねに信心の天におおえるなりとしるべし。「譬如日月覆雲霧雲霧之下明無闇」というは、日月の、くも・きりにおおわるれども、やみはれてくも・きりのしたあきらかなるがごとく、貪愛瞋憎のくも・きりに信心はおおわるれども、往生にさわりあるべからずとしるべしと也。

（『尊号真像銘文』『定親全』三、和文篇、一一九頁）

と註釈される通りである。衆生に発起した信心が、貪愛・瞋憎の雲霧に覆われたとしても、そのことがわれわれの往生、すなわち救いに何の支障もないことを教示している。

そもそも、もし私たちが悟りそのものを求めようとするならば、先にも述べたように、煩悩を完全に消し去ってしまわなければならない。それは譬喩的にいえば、常に快晴でなければならないということである。しかし阿弥陀から、煩悩具足の凡夫と呼びかけられているわれわれ人間が、煩悩を完全に消滅させることなど不可能であろう。親鸞が明らかにした浄土真宗の救済とは、日々、私たちを迷惑せしめる貪愛・瞋憎の雲霧（煩悩）の向こう側に、太陽の明るみ（真実信心の天）を信受して、有限の我が身を生きていくことである。無明の闇に再び埋没してしまうのではなく、かといって悟りすますのでもなく、常に発起する煩悩を逆縁としながら、阿弥陀の本願他力の救済を念々に感得していく歩みこそが、浄土真宗における覚醒の内実である。

そしてこの歩みは、清沢においても同様に、明治二七、八年の養痾と宗門学事の頓挫を通して、いわば人間の究極的状況に直面しながら、自力に折れ、他力門仏教の教えに有限な自己の立脚地を深く尋ね当てることになった。この「有限な自己」ということについて、「往事回想」の文に窺うことができるであろう。

回想す。明治廿七八年の養痾に、人生に関する思想を一変し略ぼ自力の迷情を翻転し得たりと雖ども、人事の興廃は、尚お心頭を動かして止まず。乃ち廿八九年に於ける我宗門時事は終に廿九卅年に及べる教界運動を惹起せしめたり。（「明治三十五年当用日記抄」」『岩波』八、四四一頁）

ここで清沢が、「略ぼ自力の迷情を翻転し得たりと雖ども」と、「略ぼ」と「雖ども」という表現を用いていることに注目したい。

まず「略ぼ」について、たとえば「宗門人事の興廃に関わって、習慣としての煩悩が紛起した」という先学の了解[2]や、「この「略ぼ」は、「自力」そのものの否定ではなく、「自力」という概念の問い直しを意味している」という見解[3]がある。しかしこの述懐は、清沢が、精神主義は現在のことに対しては安住主義であるが、未来のことに対しては「活発々地の行動に勇進」すると唱導した、奮励主義[4]と関連して再考すべき問題ではないだろうか。「天命に安んじて人事を尽くす[5]」とは清沢の有名な言葉であるが、絶対無限の妙用に乗託しながらも、ただ安逸をむさぼるのではなく、人世の諸問題に尽力する歩みこそが、清沢をして「略ぼ」と述懐せしめたのではないだろうか。

そして、「雖ども」も同様に、先に引用した「正信偈」の「すでによく無明の闇を破すといえども」と通底していると思う。清沢は自筆原稿「他力の救済」のなかで、「嗚呼他力救済の念は、能く我をして迷倒苦悶の娑婆を脱して、悟達安楽の浄土に入らしむるが如し(6)と表白する。この「如し」は、同じく「正信偈」の「雲霧の下、明らかにして闇きことなきが如し」の「如し」と同様の内実を表しているであろう。すなわち「雖ども」も「如し」も、有限なる自己のままで、無限なる阿弥陀の本願に救済された信境を表明したものである。

われわれは、有限な娑婆世界に生きる以上、日々、心頭を動かしてやまない苦悩や矛盾に遭遇する。このような状況や環境にありながらも、天命に安んじて人事を尽くす、すなわち凡夫の身を存分に尽くしていくことができる。浄土真宗の仏道とは、有限の身のままに立脚することができる無限他力の仏道であることを、「略ぼ」「雖ども」「如し」の言葉は教示している。

一切善悪凡夫人、如来の弘誓願を聞信すれば、
仏、広大勝解の者と言えり。この人を分陀利華と名づく。

（『定親全』一、八七頁）

この「正信偈」の文は、浄土真宗の救済によって誕生する人間像を明確に表している。釈尊をはじめとする無数の諸仏は、信心獲得した者を、広大勝解の人、分陀利華と誉めたたえる。「分陀利華」とは白蓮華のことであるが、親鸞は『維摩経』に説かれる蓮の譬喩を『入出二門偈頌文』に引用しつつ、次のように論じている。

淤泥華というは『経』に説いて言わく、高原の陸地に蓮を生ぜず、卑湿淤泥に蓮華を生ず。これは凡夫、煩悩の泥の中にありて、仏の正覚の華を生ずるに喩うるなり。これは如来の本弘誓不可思議力を示す。

（『定親全』二、漢文篇、一二一—一二二頁）

蓮は「淤泥華」といわれるように卑湿の汚泥に咲く。しかし、その華は泥沼の色に染まることなく咲く。われわれ凡夫においては、阿弥陀仏の本願のはたらきに乗託するところに、貪愛・瞋憎の煩悩をその身に抱えながらも、その汚れに染まることなく、阿弥陀の清浄願心を生きる一人《いちにん》を、いま現在に賜ることができる。ここに一切群萌の救済が、宗教的覚醒として成就するのである。

註

(1)『仏説阿弥陀経』『真聖全』一、七一―七二頁。
(2) 西村見暁『清澤満之先生』一五九頁参照。
(3) 教学研究所編『清沢満之　生涯と思想』三五―三六頁参照。
(4)「精神主義と三世」『岩波』六、九一―九三頁参照。
(5)「〔転迷開悟録〕」『岩波』二、一六一頁、「祈禱は迷信の特徴なり」『岩波』六、二四〇頁などを参照。
(6)『岩波』六、三二九頁、傍点筆者。

# 参考文献一覧


## 序

加藤典洋『小説の未来』（朝日新聞社、二〇〇四年）

加藤典洋「日本の現状と宗教の可能性――超越性と現代の文学をめぐって」（『現代と親鸞』第八号、親鸞仏教センター、二〇〇五年）

竹内整一「〈空想〉のコスモロジー――清沢満之の〈内〉への超越」（『超越の思想　日本倫理思想史研究』、相良亨編、東京大学出版会、一九九三年）

竹内整一「日本人の超越感覚」（『親鸞教学』第七八号、大谷大学真宗学会、二〇〇一年）

竹内整一「清沢満之における内在と超越」（『現代と親鸞』第一二号、親鸞仏教センター、二〇〇七年）

## 第Ⅰ部

赤松俊秀「親鸞の消息について――服部之総氏の批判に答えて」（『史学雑誌』第五九編第一二号、史学会、一九五〇年）

赤松俊秀『親鸞聖人真蹟集成』第二巻「解説」(法藏館、一九七四年)
安藤文雄「『教行信証』における「教誡」の意味」(『親鸞教学』第五五号、大谷大学真宗学会、一九九〇年)
池田勇諦「「方便」の義意」(『教行信證　化身土末巻の研究』、同朋大学仏教学会編、文光堂、一九七六年)
一楽真『親鸞の教化　和語聖教の世界』(『シリーズ親鸞』第五巻、筑摩書房、二〇一〇年)
伊東慧明「曽我量深――真智の自然人」(『浄土仏教の思想』第一五巻、講談社、一九九三年)
伊東慧明「解説〈信に死し願に生きよ　曽我量深――その人と思想〉」(『真宗大綱　曽我量深講義録下』、春秋社、二〇一一年)
稲葉圓成「現生十種益の研究――現実生活の指導原理」(『大谷学報』第一九巻第三号、大谷学会、一九三八年)
今村仁司『親鸞と学的精神』(岩波書店、二〇〇九年)
臼井元成「真実と方便」(『親鸞教学』第五七号、大谷大学真宗学会、一九九一年)
遠藤美保子「親鸞の思想を語るに消息集は再検討されるべきこと」(『鎌倉仏教の思想と文化』、中尾堯編、吉川弘文館、二〇〇二年)
小野蓮明『願と信――親鸞の主体性論』(文栄堂、一九八二年)
小野蓮明『本願の行信道――親鸞の信仰主体性論』(文栄堂、二〇〇〇年)

小野蓮明『顕浄土真実信文類』講讃』（東本願寺出版部、二〇〇二年）
加来雄之「『教行信証』における方便真門の位置」（『大谷大学大学院研究紀要』第一号、大谷大学大学院、一九八四年）
柏原祐泉『親鸞聖人御消息管窺』（東本願寺出版部、一九八七年）
柏原祐泉『「顕浄土方便化身土文類」の考察』（東本願寺出版部、二〇〇〇年）
金子大榮「二部作『教行信証』」（『親鸞教学』第六号、大谷大学真宗学会、一九六五年）
金子大榮「願心の廻向と光明の摂化——二部作『教行信証』（続）」（『親鸞教学』第七号、大谷大学真宗学会、一九六五年）
金子大榮『教行信証講読　真化巻』（『金子大榮著作集』第八巻、春秋社、一九八一年）
金子大榮『彼岸の世界』（『金子大榮著作集』第三巻、春秋社、一九八二年）
教学研究所編『親鸞聖人行実』（東本願寺出版部、二〇〇八年）
後藤平淙「現生十種の益と現世利益和讃について」（『龍谷教学』第二七号、龍谷教学会議、一九九二年）
重見一行『教行信證の研究　その成立過程の文献学的考察』（法藏館、一九八一年）
曽我量深『歎異抄聴記』（『曽我量深選集』第六巻、彌生書房、一九七一年）
曽我量深『正信念仏偈聴記』（『曽我量深選集』第九巻、彌生書房、一九七二年）
曽我量深「我如来を信ずるが故に如来在ます也」（『曽我量深選集』第一二巻、彌生書房、一九七二

年）
曽我量深「真実の教え」（『曽我量深選集』第一二巻、彌生書房、一九七二年）
曽我量深『教行信証大綱　曽我量深講義録　上』（春秋社、二〇一一年）
曽我量深『真宗大綱　曽我量深講義録　下』（春秋社、二〇一一年）
大門照忍「現生利益の考察――真仏弟子の諸問題」（『親鸞教学』第二一号、大谷大学真宗学会、一九七二年）
田代俊孝『増補新版　親鸞の生と死　デス・エデュケーションの立場から』（法藏館、二〇〇四年）
田代俊孝「「転」と「即」――親鸞の他力救済の内実」（『同朋仏教』第四三号、同朋大学仏教学会、二〇〇七年）
多屋頼俊『親鸞書簡の研究』（『多屋頼俊著作集』第三巻、法藏館、一九九二年）
津曲淳三編『曽我量深先生の言葉』（大法輪閣、二〇一一年）
寺川俊昭『歎異抄の思想的解明』（法藏館、一九七八年）
寺川俊昭『教行信証の思想』（文栄堂、一九九〇年）
寺田正勝『教行信証「信の巻」序説』（東本願寺出版部、一九八八年）
同朋大学仏教学会編『教行信證　化身土末巻の研究』（同朋大学仏教学会、文光堂、一九七六年）
徳永道雄「親鸞の諸仏等同について」（『日本仏教学会年報』第五三号、日本仏教学会、一九八八年）
徳永道雄「親鸞聖人の現生十種の益における伝道的立場」（『龍谷大学論集』第四四八号、龍谷学会、

一九九六年）
鳥越正道『最終稿本　教行信証の復元研究』（法藏館、一九九七年）
名畑應順『教行信證化身土巻講案』（安居事務所、一九五九年）
延塚知道『教行信証　その構造と核心』（法藏館、二〇一三年）
長谷正當『浄土とは何か——親鸞の思索と土における超越』（法藏館、二〇一〇年）
平松令三「親鸞聖人御消息集成本の信頼度」（『龍谷大学論集』第四二五号、龍谷学会、一九八四年）
廣瀬惺『本願の仏道——二種回向義の考察』（文栄堂、一九九八年）
廣瀬杲『序説　浄土真宗の教学・〔続〕』（文栄堂、一九九二・一九九四年）
藤嶽明信「横超他力」（『親鸞教学』第六八号、大谷大学真宗学会、一九九六年）
藤場俊基『顕浄土方便化身土文類の研究——『弁正論』』（文栄堂、一九九一年）
藤場俊基「『末法灯明記』の引用と親鸞（前）・（後）」（『親鸞教学』第七〇・七一号、大谷大学真宗学会、一九九七・一九九八年）
星研良編『無限洞』第四号（星研良発行、二〇〇六年）
細川行信「親鸞消息の研究」（『印度学仏教学研究』第二巻第二号・第三巻第一号・第三巻第二号、日本印度学仏教学会、一九五四・一九五五年）
細川行信・村上宗博・足立幸子『現代の聖典　親鸞書簡集　全四十三通』（法藏館、二〇〇二年）
本多弘之「現生正定聚——その核心と外延」（『親鸞教学』第三四号、大谷大学真宗学会、一九七九年）

本多弘之『近代親鸞教学論』（草光舎、一九九五年）
本多弘之『金剛信の獲得』（東本願寺出版部、二〇一五年）
松野純孝「如来等同思想の形成について――坂東本「教行信証」信巻の成立問題」（『宗教研究』第一五一号、日本宗教学会、一九五七年）
松原祐善『親鸞と末法思想』（法藏館、一九七一年）
三木彰円「『教行信証』の諸問題――親鸞自筆・坂東本を通して」（『現代と親鸞』第二七号、親鸞仏教センター、二〇一三年）
御手洗隆明「如来等同の一考察」（『親鸞教学』第六六号、大谷大学真宗学会、一九九五年）
安田理深『教行信証　真仏土巻聴記　Ⅰ・Ⅱ』（文栄堂、一九九七年）
安冨信哉『新訂増補　親鸞と危機意識――新しき主体の誕生』（文栄堂、二〇〇五年）
山辺習学・赤沼智善『教行信証講義　真仏土・化身土巻』（法藏館、一九五一年）
吉本隆明『増補　最後の親鸞』（春秋社、一九八一年）

## 第Ⅱ部

伊東慧明「真宗再々興　清沢満之先生とご門弟」（『名古屋教学』第一三号、真宗尾張同学会、二〇〇三年）
今村仁司『現代語訳　清沢満之語録』（岩波書店、二〇〇一年）

今村仁司『清沢満之全集』第一巻「解説」（岩波書店、二〇〇二年）
今村仁司『清沢満之の思想』（人文書院、二〇〇三年）
今村仁司『清沢満之と哲学』（岩波書店、二〇〇四年）
今村仁司「清沢満之における「他力門哲学骸骨試稿」の思想的意義」（『現代と親鸞』第九号、親鸞仏教センター、二〇〇五年）
大谷大学真宗総合研究所編『清沢満之「哲学骸骨」集』（大谷大学真宗総合研究所、二〇〇一年）
大谷大学百年史編集委員会編『大谷大学百年史　通史編』（大谷大学、二〇〇一年）
大谷大学百年史編集委員会編『大谷大学百年史　資料編』（大谷大学、二〇〇一年）
碧海寿広『近代仏教のなかの真宗――近角常観と求道者たち』（法藏館、二〇一四年）
碧海寿広『入門　近代仏教思想』（筑摩書房、二〇一六年）
加来雄之「『宗教哲学骸骨』（The Skeleton of Philosophy of Religion）の意義――選択と実験に基づく思索」（『真宗総合研究所研究紀要』第一一号、大谷大学、一九九三年）
加来雄之「解説「哲学骸骨」という課題」（『清沢満之「哲学骸骨」集』、大谷大学真宗総合研究所編、二〇〇一年）
加来雄之『天命に安んじて人事を尽くす――清沢満之の求道における自己と他者』（清沢満之記念館、二〇一六年）
金子大榮「光輪鈔」（『親鸞教学』第二九号、大谷大学真宗学会、一九七六年）

神戸和麿「清沢満之の名号論――如実修行相応」（『親鸞教学』第八〇・八一号、大谷大学真宗学会、二〇〇三年）
神戸和麿『清沢満之　その思想の軌跡』（法藏館、二〇〇五年）
木越康「真宗教学の近代化と現在――浄土理解の変遷を通して」（『親鸞教学』第八二・八三号、大谷大学真宗学会、二〇〇四年）
教化研究所編『清澤満之の研究』（教化研究所、一九五七年）
教学研究所編『清沢満之　生涯と思想』（東本願寺出版部、二〇〇四年）
氣多雅子「清沢満之の宗教哲学――自力門・他力門の概念を手引きに」（『清沢満之と近代日本』、山本伸裕・碧海寿広編、法藏館、二〇一六年）
親鸞仏教センター編「第一回・第二回　清沢満之研究交流会報告」（『現代と親鸞』第三三・三五号、親鸞仏教センター、二〇一六・二〇一七年）
杉本耕一「清沢満之の「宗教」および「宗教哲学」における「哲学」の意味」（『現代と親鸞』第三一号、親鸞仏教センター、二〇一五年）
曽我量深「如来とその本願――清澤先生を偲びて」（『清澤満之の哲学と信仰』、福田正治編、黎明書房、一九六三年）
曽我量深「如来中の我、我の中の如来」（『曽我量深選集』第四巻、彌生書房、一九七一年）
曽我量深「法蔵比丘の降誕は如来の人間化也」（『曽我量深選集』第四巻、彌生書房、一九七一年）

曽我量深「清沢先生讃仰」（『曽我量深選集』第一一巻、彌生書房、一九七二年）
曽我量深『他力の救済――清沢満之師「他力の救済」について』（文明堂、一九七五年）
田村晃徳「清沢満之における「霊魂」の理解」（『印度学仏教学研究』第五二巻第二号、日本印度学仏教学会、二〇〇四年）
田村晃徳「「道理心」と「宗教心」」（『親鸞教学』第八四号、大谷大学真宗学会、二〇〇五年）
田村晃徳「清沢と学問」（『真宗教学研究』第二七号、真宗教学学会、二〇〇六年）
田村晃徳「学と信の関係――清沢満之における「宗教と学問」」（『現代と親鸞』第一六号、親鸞仏教センター、二〇〇八年）
田村晃徳「満之の骨格――『宗教哲学骸骨』を中心に」（『現代と親鸞』第三三号、親鸞仏教センター、二〇一六年）
角田佑一「清沢満之の宗教哲学における転化論」（『宗教研究』第三四〇号、日本宗教学会、二〇〇四年）
寺川俊昭『清沢満之論』（文栄堂、一九七三年）
徳田幸雄『宗教学的回心研究――新島襄・清沢満之・内村鑑三・高山樗牛』（未来社、二〇〇五年）
名和達宣「清沢満之を「一貫する」思想――『臘扇記』を手がかりとして」（『現代と親鸞』第二八号、親鸞仏教センター、二〇一四年）
名和達宣「『臘扇記』を読む――清沢満之における転換期」（『現代と親鸞』第三三号、親鸞仏教セン

ター、二〇一六年）
西谷啓治「清澤先生の哲学」（『清澤満之の哲学と信仰』、福田正治編、黎明書房、一九六三年）
西谷啓治「清沢満之先生と哲学」（『絶対他力道』、山田亮賢編、法藏館、一九八八年）
西村見曉『清澤満之先生』（法藏館、一九五一年）
西村見曉『清澤満之全集』第三巻「解説」（法藏館、一九五七年）
西村見曉「清澤満之の俗諦的意義」（『清澤満之の研究』、教化研究所編、教化研究所、一九五七年）
西本祐攝「清沢満之の「現在安住」」（『大谷大学大学院研究紀要』第二〇号、大谷大学大学院、二〇〇三年）
西本祐攝「石水期・清沢満之における「現生正定聚論」の究明（上）・（下）――清沢満之における「現在安住」の思想的背景」（『親鸞教学』第九一・九五号、大谷大学真宗学会、二〇〇八・二〇一〇年）
西山邦彦「清澤満之の哲學的基礎」（『清澤満之の研究』、教化研究所編、教化研究所、一九五七年）
延塚知道『「他力」を生きる　清沢満之の求道と福沢諭吉の実学精神』（筑摩書房、二〇〇一年）
延塚知道『清沢満之全集』第六巻「解説」（岩波書店、二〇〇三年）
長谷川琢哉「『宗教哲学骸骨』再考――「前期」清沢満之における哲学と信仰」（『現代と親鸞』第三四号、親鸞仏教センター、二〇一六年）
深澤助雄「近代親鸞教学の系譜――清沢満之と曽我量深」（『現代と親鸞』第一一号、親鸞仏教センター、

二〇〇六年）
藤嶽明信「根本的問題としての自己――清沢満之に学ぶ」（『親鸞教学』第八四号、大谷大学真宗学会、二〇〇五年）
藤田正勝・安冨信哉編『清沢満之――その人と思想』（法藏館、二〇〇二年）
藤田正勝『現代語訳　宗教哲学骸骨』（法藏館、二〇〇二年）
藤田正勝『現代語訳　他力門哲学骸骨』（法藏館、二〇〇三年）
藤田正勝『現代語訳　在床懺悔録』（法藏館、二〇〇七年）
藤田正勝『清沢満之が歩んだ道　その学問と信仰』（法藏館、二〇一五年）
本多弘之『親鸞の鉱脈――清沢満之』（草光舎、一九九二年）
本多弘之『親鸞教学　曽我量深から安田理深へ』（法藏館、一九九八年）
本多弘之編『清沢満之文集　他力救済の大道』（草光舎、二〇〇〇年）
本多弘之「親鸞教学の法印――満之の信仰課題の展開」（『現代と親鸞』第六号、親鸞仏教センター、二〇〇四年）
水島見一「近代親鸞教学の基本的視座」（『親鸞教学』第八二・八三号、大谷大学真宗学会、二〇〇四年）
水島見一「曽我量深の自覚道（上）・（下）――「法蔵菩薩」論」（『親鸞教学』第九八・九九号、大谷大学真宗学会、二〇一二年）
安冨信哉『清沢満之と個の思想』（法藏館、一九九九年）

安冨信哉『清沢満之全集』第二巻「解説」（岩波書店、二〇〇二年）
安冨信哉「個立と協同――石水期・清沢満之を手懸かりとして」（『親鸞教学』第八二・八三号、大谷大学真宗学会、二〇〇四年）
山本伸裕『「精神主義」は誰の思想か』（法藏館、二〇一一年）
山本伸裕『清沢満之と日本近現代思想　自力の呪縛から他力思想へ』（明石書店、二〇一四年）
山本伸裕・碧海寿広編『清沢満之と近代日本』（法藏館、二〇一六年）
吉田久一『人物叢書　清沢満之』（吉川弘文館、一九六一年）
脇崇晴『清沢満之の浄土教思想――「他力門哲学」を基軸として』（木星舎、二〇一七年）
脇本平也『評伝　清沢満之』（法藏館、一九八二年）
脇本平也「清沢満之――精神主義の仏教革新」（『浄土仏教の思想』第一四巻、講談社、一九九二年）

## 結

前掲と重複しており省略

# 初出一覧

序　「横超の仏道——親鸞思想における覚醒の内実」
（『真宗文化』第一八号、京都光華女子大学、二〇〇九年）
「親鸞思想における覚醒の内実——「正信偈」釈迦章を手がかりとして」
（『高田学報』第一〇五輯、高田学会、二〇一七年）

## 第Ⅰ部

第一章　「親鸞思想における救済の様相——「内在」と「超越」」
（『印度学仏教学研究』第五七巻第　号、日本印度学仏教学会、二〇〇八年）
「横超の仏道——親鸞思想における覚醒の内実」
（同前）

第二章　「親鸞における信心獲得の内実——「現生十種の益」の文を中心として」
（『東海仏教』第六二輯、東海印度学仏教学会、二〇一七年）

**第三章**　「「行者のはからい」考」
（『同朋大学論叢』第一〇〇号、同朋大学同朋学会、二〇一六年）

**第四章**　「親鸞における仏土開顕の意義」
（『大谷大学大学院研究紀要』第二〇号、大谷大学大学院、二〇〇三年）
「浄土の開顕」
（『現代と親鸞』第一一号、親鸞仏教センター、二〇〇六年）
「群萌における覚醒の内実――『教行信証』「化身土巻」の記述を通して」
（『同朋仏教』第四六・四七合併号、同朋大学仏教学会、二〇一一年）

**第五章**　「親鸞晩年の思想課題――消息を中心として」
（『東海仏教』第五九輯、東海印度学仏教学会、二〇一四年）

**第六章**　「悪の自覚道」
（『曽我教学　法蔵菩薩と宿業』、水島見一編、方丈堂出版、二〇一六年）

## 第Ⅱ部

第一章　「他力門仏教の再構築――清沢満之「他力門哲学骸骨試稿」の思想的意義」
（『現代と親鸞』第一四号、親鸞仏教センター、二〇〇八年）
「生死出ずべき道」を求めて――清沢満之「自力の迷情を翻転」の内実」
（『真宗研究』第五七輯、真宗連合学会、二〇一三年）
「「宗教」と「人間」――清沢満之『宗教哲学骸骨』を中心として」
（『同朋仏教』第五〇号、同朋大学仏教学会、二〇一四年）
「他力門仏教に帰す――「他力門哲学骸骨試稿」の実存的意義」
（『現代と親鸞』第三三号、親鸞仏教センター、二〇一六年）

第二章　同前

第三章　「清沢満之の有限無限論――二つの「骸骨」を中心として」
（『真宗教学研究』第三〇号、真宗教学学会、二〇〇九年）
「「生死出ずべき道」を求めて――清沢満之「自力の迷情を翻転」の内実」
（同前）

第四章　「「宗教」と「人間」――清沢満之『宗教哲学骸骨』を中心として」
（同前）

第五章　「「他力門哲学」における覚醒の構造」
（『親鸞教学』第九〇号、大谷大学真宗学会、二〇〇八年）

結　「親鸞思想における覚醒の内実――「正信偈」釈迦章を手がかりとして」
（同前）

＊いずれも大幅な改稿や加筆を行っている

# あとがき

本書は、筆者がこれまでに執筆・発表した諸論文のなかから、特に「宗教的覚醒」について考究した論稿を選び、一冊の書物としてまとめたものである。

第Ⅰ部は、大学院博士課程修了後から現在に至るまで、折々に記した論考からなる。ただし第四章は、大谷大学に提出した博士学位請求論文「親鸞の浄土観――仏土開顕の思想的課題」（二〇〇七年）の一部である。第Ⅱ部は、真宗大谷派（東本願寺）に提出した擬講請求論文「他力門仏教の再構築――清沢満之「他力門哲学骸骨試稿」の思想的意義」（二〇〇七年）がもとになっている。いずれも、本書に収載するに際して、再整理・再構成の上、大幅な改稿と加筆を行っている。

このたび、ある事情から、これまでに発表した論文をまとめて単著として刊行することになった。内容については、先達が明らかにされた研究成果を上回るものは乏しく、はなはだ忸怩たる思いしかない。この点については、先輩諸賢のご叱正とご批判をただ乞うばかりである。しかしながら、これまでお育ていただいた学恩は謝しても謝し尽くせない。

大谷大学そして大学院時代の指導教授は、小野蓮明先生と安冨信哉先生であった。小野先生には浄土真宗の学びの基礎と厳しさを、安冨先生には学問研究の楽しさと広やかさを教えていただいた。特に本書の第Ⅱ部・清沢満之研究については、安冨先生のご教示によるところが大きい。その学恩の万分の一でもご報告できればと思い、出版の準備を進めていたところ、安冨先生はご急逝された。また小野先生はご病身と仄聞している。安冨先生と小野先生は、博士論文審査の主査と副査もご担当くださった。拙著出版にあたり、両先生のご指導を賜れないことが本当に残念でならない。

博士課程を満期退学後は、東京にある真宗大谷派の研究交流施設・親鸞仏教センターに研究員として勤務したが、その所長が本多弘之先生であった。本多先生からは「せっかく東京に来たのだから、清沢満之師が真宗大学を東京に移転開校した志願に学び、親鸞思想を現代社会のなかで思索するという課題に取り組んでほしい」とご教示いただいた。それまで三重と京都しか知らなかった私にとって、東京での生活や研究、人との出会いは、とても貴重な経験であった。今村仁司先生にお会いしたのもこの頃である。センターでの三年間がなかったならば、とうの昔に研究の道から外れていたに違いない。

ところで、本多先生のご講義をはじめて拝聴したのは、私が大学二回生のときである。父の勧めによって、本多先生が安田理深先生から受け継がれた学仏道場・相応学舎で聞法するようになって、すでに二〇年の月日が経過した。私事で恐縮だが、一昨年に結婚したこともあり、妻とともに相応学舎の控室に先生をお訪ねして、厚かましくも「結婚祝いを頂戴したい」と申し出て、拙著の序文をご執筆くださるようお願いした次第である。本多先生には諸事ご多端のところ、大変温かい激励のお言葉を賜りましたこと、篤く御礼申し上げます。

そして、縁あって現在の勤務先である名古屋の同朋大学に職を得てからは、真宗ビハーラ研究の第一人者である田代俊孝先生にご指導を頂戴しながら、これまでの論文をまとめて出版することを強くお勧めいただいた。私の貧しい研究内容を公刊するなど、田代先生の後押しをいただかなければ、けっしてあり得なかったし、またこれまでの研究の足跡を振り返ることもなかったと思う。田代先生には懇篤なご教示と貴重な機会を頂戴しましたこと、心より感謝申し上げます。

本書の出版に際しては、多くの方々から甚深のご高配を賜った。春秋社の神田明会長、澤畑吉和社長には、曽我量深先生の講義録を出版させていただいたご縁があったとはいえ、無名で未熟な一研究者の願いを快くお引き受けくださった。佐藤清靖編集取締役には、本書の構成から編集の細部に至るまで格別のご配慮とご助言を頂戴した。編集部の楊木希さんには校正等でお世話になった。また、同朋大学の学友である松山大、飯田真宏、市野智行の三氏には、面倒な校正作業をお手伝いいただいた。ここに記して、みなさまから賜ったご厚情に深く御礼申し上げます。なお、同朋大学からは出版助成を受けたことを申し添え、謝意を表する。

最後に、寺の住職でありながら何かと不在にしがちな自坊を、文字通り守ってくれている坊守・紹子と母・佐和子、そしてこれまで養育してくれた亡き父・慧明にも、この場を借りて感謝申し上げたい。このほか、さまざまな場でご縁を結んでくださっている多くの方々にも御礼申し上げます。

安田理深先生は、曽我量深先生の思索の姿勢を「赤表紙と新聞の間を歩まれた」と表現されている(「赤表紙と新聞」『安田理深選集』補巻所収)。「赤表紙」とは真宗の聖教、すなわち不変の真理であり、「新聞」とは日々刻々と変化する人間の現実である。私自身はいまだ研究の端緒についた未熟な学徒にほかならない。しかし、「赤表紙」と「新聞」の間に我が身を置くという課題を頂戴しながら、これからも親鸞思想の学びを通して自己を明らかにし、現代社会のなかで自身を表現する方途を探究していきたい。

二〇一七年一一月

伊東　恵深

◎著者略歴
**伊東恵深**（いとう　えしん）
1977年、京都府生まれ。大谷大学文学部真宗学科卒業。大谷大学大学院博士後期課程修了。博士（文学）。真宗大谷派擬講。専門は真宗学。真宗大谷派親鸞仏教センター研究員、大谷大学非常勤講師、同朋大学専任講師などを経て、現在、同朋大学文学部仏教学科准教授。三重県・真宗大谷派西弘寺住職。
編著に、伊東慧明氏との共編『教行信証大綱　曽我量深講義録　上』『真宗大綱　曽我量深講義録　下』（ともに春秋社）などがある。

親鸞と清沢満之 ——真宗教学における覚醒の考究

2018年1月20日　第1刷発行

著　者　伊東恵深
発行者　澤畑吉和
発行所　株式会社春秋社
〒101-0021　東京都千代田区外神田2-18-6
電話　03-3255-9611
振替　00180-6-24861
http://www.shunjusha.co.jp/
印刷所　株式会社太平印刷社
製本所　黒柳製本株式会社


Printed in Japan, Shunjusha
ISBN 978-4-393-16146-3
定価はカバー等に表示してあります